# SOKEI-AN'S
# ÜBERTRAGUNG DES ZEN

*SHIGETSU (SŌSHIN) SASAKI, genannt SOKEI-AN ROSHI*

# SOKEI-AN'S ÜBERTRAGUNG DES ZEN

von Sokei-an Roshi
*Begründer und Meister*
des FIRST ZEN INSTITUTE OF AMERICA,
*New York*

*mit einem Vorwort von* Mary Farkas

THESEUS VERLAG
ZÜRICH

Übertragung aus dem Amerikanischen
von Agathe Wydler und Hilary Thompson
Die Originaltexte erschienen in den
„ZEN NOTES" des FIRST ZEN INSTITUTE OF AMERICA,
New York
Copyright in USA
Deutsche Ausgabe: Theseus Verlag Zürich
Alle Rechte vorbehalten
Herstellung: Verlagsdruckerei E. Rieder, Schrobenhausen
Printed in Germany
ISBN 3 · 85936 · 011 · 6

Unserem Lehrer
Chikuen Kugai Osho
dem Gründer des Shōgen-Dōjo Zürich,
der Rinzai-Zen Gesellschaft der Schweiz
(Myoshinji-Zweig)

# INHALT

Vorwort von Mary Farkas  9

Einführung von Agathe Wydler und Hilary Thompson  11

Buddha  15

Buddhismus  15

Buddhas Weisheit  18

Der mittlere Weg  22

Die unbefleckte Empfängnis  26

Das Aufgeben  27

Die drei Juwelen  29

Das äußere Haus und das innere Haus  32

Die vier edlen Überzeugungen  36

Die Metapher von der blinden Schildkröte  47

Das Eine, das zu beachten ist  48

Die weltliche Welt  52

Der ursprüngliche Geist  57

Der formlose Geist  58

Die fünf Skandhas  63

Die fünf Skandas und die Meditationshaltung  70

Leerheit  74

Sariputra und die lärmenden Mönche  79

Die Blindheit des Anurrudha  83

Kein Zweck  85

Karma  *89*

Die transzendentale Welt  *94*

Die fünf übernatürlichen Kräfte  *100*

Der Fuchs im Brunnen  *106*

Das Sosein  *108*

Die drei Körper Buddhas  *113*

Indras Netz  *120*

Selbst-Erweckung  *124*

Ein Schlüssel zum Buddhismus und Christentum  *127*

Die Legende von Buddhas Geburt  *132*

Die Wurzel des Baumes  *137*

Zen und das religiöse Gefühl  *139*

Wie faßt man Zen in Worte  *142*

Koan  *147*

Der biegsame Geist  *148*

Bodhidharmas zwei Eingänge zum Zen  *152*

Bodhidharmas Zen  *157*

Stammtafel des
Sosaki Shigetsu oder Sokai-an  *158*

**VORWORT**  Sokei-an war der erste Zenmeister, der seinen Zengeist in der englischen Sprache zum Ausdruck brachte.

Da seine Lektionen nicht schriftlich vorlagen, sondern direkt vorgetragen wurden, bestand der direkte Kontakt zwischen ihm und seinen Zuhörern hauptsächlich in diesen Worten.

Als wir 1947 damit begannen, seine Worte zu sammeln, um herauszufinden, was er wirklich gesagt hatte, stellte es sich heraus, daß es ein großer Vorteil war, daß die Lektionen in Englisch gehalten wurden. Denn da es für Sokei-an so schwierig war, seine Gedanken in diese Sprache zu übertragen, war er gezwungen, sehr langsam zu sprechen, was einigen von uns die Möglichkeit gab, das Gesagte wörtlich zu notieren.

Seine Vorträge über viele Jahre hinweg immer wieder laut zu lesen, war unsere Art und Weise, mit Sokei-an in Kontakt zu bleiben. Da man seine Worte nicht mehr direkt hören kann, ist das der beste Weg.

Unter den Menschen, die heute Sokei-an's Worten begegnen, sind nur wenige alt genug geworden, als daß sie ihm noch persönlich hätten begegnen können. Aber auch wenn sie ihm begegnet wären, hätten sie ihn wahrscheinlich durch eben diese Worte kennengelernt. Die Schüler, die das Glück hatten, mit ihm in den 30er Jahren Zen zu studieren, wurden auf eine geringe Zahl reduziert, und so müssen sich diejenigen, die noch geblieben sind, beeilen, die Sammlung und Herausgabe seiner Lektionen zu beenden, bevor auch sie und das Jahrhundert zu einem Ende kommen.

Als ich 1954 den riesigen Umfang dieses Unternehmens erkannte, beschloß ich, zuerst jene Vorträge herauszubringen, welche in sich abgeschlossen und von zeitlosem menschlichem Wert sind. Damals lag Sokei-an's Geburt rund 75 Jahre zurück. Die Botschaft, die er in den Westen zu bringen beauftragt war, war mehr als 2500 Jahre alt. Sokei-an seinerseits rechnete mit ungefähr 300 Jahren, die nötig sind, um das Amerikanische Zen zur vollen Blüte zu bringen. Dieses kleine Büchlein trägt nun seine Botschaft über den Atlantik und in einer anderen Sprache zu Euch.

Ich habe volles Vertrauen, daß Dr. Henry Platov, welcher die meisten dieser Worte gehört hat, als sie direkt gesprochen worden waren, von allen Menschen am besten qualifiziert ist, die Übersetzung in seine eigene Sprache zu beurteilen. Ich empfehle das Resultat dieses fast unmöglichen Versuches aufs beste und hoffe von Herzen, daß die Botschaft, die von unserem großen Pionier-Lehrer ausgesandt wurde, ihr Ziel erreicht.

MARY FARKAS
The First Zen Institute of America, New York

# Einführung

Shigetsu Sasaki Roshi, am besten bekannt unter dem Namen Sokei-an Roshi, war der erste authentische Rinzai-Zenmeister, der sich im Westen niederließ, um das wahre und aktuelle Zen zu lehren. Zwar kam er schon im Jahre 1906 mit einer Gruppe Japaner, die an der Westküste ein Zenzentrum gründen wollten, nach Amerika, doch es war in New York, wo er 1930 eine Gesellschaft gründete, und in einer einfachen Wohnung zu unterrichten begann. Zu dieser Zeit wußte man von Zen sozusagen nichts. Man kannte wohl die Meditationspraxis und Philosophie des Urbuddhismus (Theravada-Schule oder Hinayana-Buddhismus), nicht aber den Mahayana-Buddhismus und die in seinem Rahmen herangewachsene Zen-Schule.

Das japanische Wort „Zen", chinesisch „chan", stammt aus dem Sanskritausdruck „dhyana", welcher gewöhnlich als Meditation übersetzt wird. Obwohl diese Meditationsform innerhalb des später entstandenen Mahayana-Buddhismus existiert, greift sie in ihrer Essenz zurück auf Buddhas eigene Erkenntnis und wurde bis zur heutigen Zeit direkt von Lehrer auf Schüler übertragen.

In der Überlieferung heißt es, Bodhidharma habe diese Meditationsschule von Indien nach China gebracht. Dort stieß sie auf den gut vorbereiteten und fruchtbaren Boden des Taoismus. Man könnte sagen, daß die Mutter Taoismus und der Vater Buddhismus das Kind Zen erzeugten, welches in Japan seine vollausgebildete und eigenständige Existenz entwickelte.

Sokei-an gehörte zur Schule des Rinzai-Zen. Er vermittelte dieses bis zu seinem Tod im Jahre 1945 traditionsgemäß auf die zwei Arten der direkten Übertragung vom Meister auf den Schüler unter Anwendung der Methode des Koan-Studiums (Konfrontation zwischen Meister und Schüler an Hand einer spezifischen Meditations-Aufgabe) und durch Vortrag und Kommentar alter buddhistischer Texte.

Sokei-an war aber nicht nur der erste Zenmeister, der im Westen lebte, er war auch einer der ersten, die das Rinzai-Zen für Laien zugänglich machten. Bis zu Beginn dieses Jahrhundertes war es nämlich auch in Japan nicht möglich, Rinzai-Zen außerhalb eines Klosters zu studieren. Sokei-an's Lehrer, Shokatsu-Roshi, ebenfalls aus der Tradition einer langen Kette berühmter Meister stammend, war es, der als erster von seinen Nachfolgern wünschte, daß sie das Zen aus den Klöstern heraus in das gewöhnliche menschliche Leben tragen; und er beauftragte speziell Sokei-an damit, dies in Amerika zu tun.

Heute, rund 50 Jahre nachdem Sokei-an zu lehren begann, ist Zen längst kein unbekannter Begriff mehr, und viele westliche Leute haben es unternommen, darüber zu reden und zu schreiben. Das Wort Zen wurde sowohl in die englische als auch die deutsche Sprache integriert und erscheint heute unübersetzt in vielen Büchern und Zeitschriften. Eine derartige Popularisierung birgt aber auch die Gefahr der Verwässerung oder gar Verfälschung des wahren Kerns in sich. Das Erscheinen dieses kleinen Bändchens ist als Beitrag zur Aufrechterhaltung des wahren Zen gedacht. Die Leser sollten sich jedoch bewußt sein, daß dieses letztlich nur durch die eigene Praxis unter Anleitung eines qualifizierten Zenlehrers erfaßt werden kann; Vorträge und geschriebene Texte dienen lediglich dazu, den Geist des Schülers in eine bestimmte Richtung zu lenken und zu schärfen.

Da die Vorträge von Sokei-an an westliche Schüler gerichtet waren, die sich aktuell mit Zen auseinandersetzten, sind sie auch für uns heute noch von ganz besonderem Wert. Sie enthalten viele Erklärungen und Hinweise, die man in Vorträgen eines buddhistischen Gelehrten oder in entsprechenden Büchern nicht finden kann. Außerdem begegnet man in ihnen dem Humor und der Spontaneität, die für die Vortragsweise eines Zenmeisters, der im direkten Kontakt zu seinen Zuhörern steht, typisch sind. Zu seiner Art des Vortrages sagte Sokei-an selber folgendes: „In Japan geben die Zenmeister keine solchen Vorträge, denn dort gibt es viele Bücher, durch welche sich die Studenten die Kenntnis des Buddhismus aneignen können. Aber hier im Westen kann ich keines der Bücher empfehlen, das von Euren Gelehrten übersetzt wurde. Natürlich gibt es einige Übersetzungen, die im Vergleich zum Originaltext nicht falsch sind, doch die wichtigsten Punkte, um die sich alles dreht, und die in der Übersetzung betont werden müssen, um zu verstehen, was gemeint ist, werden fast immer ausgelassen. Ich werde Euch drei oder vier Sutras hinterlassen, die ich selber übersetzt habe; außerdem zeige ich Euch, wie ich über Buddhismus denke. Dies wird das Material sein, worauf ihr Euch verlassen könnt, um diese Lehre zu verbreiten. Die Ausdrücke, die ich benutze, sind allerdings nicht die des populären Buddhismus, trotzdem will ich versuchen, es so einfach wie möglich zu machen. Doch es ist sehr schwierig, die wesentlichen Punkte des Buddhismus zu erfassen."

Zur Zeit Sokei-an's gab es noch kein Tonband, und nur wenigen Schülern war es erlaubt, die Vorträge unauffällig simultan mitzuschreiben. Die meisten Zuhörer mußten alles direkt aufnehmen und im Gedächtnis behalten. Einige von ihnen schrieben das Gehörte nachher nieder, genau so wie seinerzeit Ananda alle Reden von Gautama Buddha aus dem Gedächtnis niederschrieb. Erst nach Sokei-an's Tod sammelte eine seiner Schülerinnen, Frau M. Farkas, sämtliche Notizen ihrer Kollegen und Kolleginnen ein, verglich dieselben Satz für Satz und rekonstruierte auf diese Weise die Texte so wörtlich als möglich. Dann begann sie im Jahre 1954 mit deren Veröffentlichung in einer speziell zu diesem Zweck gegründeten und noch heute in New York erscheinenden Monatszeitschrift namens „Zen Notes".

Die hier präsentierten deutschen Texte stellen nur eine ganz kleine Auswahl des gesamten Materials dar. Es handelt sich um diejenigen Vorträge, die als erste Einführung in Buddhismus und Zen gehalten wurden. Ausführlichere und auch schwierigere Texte bleiben einer späteren deutschen Herausgabe vorbehalten.

Um die Spontaneität von Sokei-an's Sprache und seine oft einzigartige Ausdrucksweise nicht zu sehr zu strapazieren oder gar zu zerstören, haben sich die Übersetzerinnen so eng als möglich an den englischen Text gehalten. Für eventuelle Holprigkeit und Umständlichkeit in der deutschen Übertragung bitten wir um Nachsicht. Bei der Behandlung der Fachausdrücke aus dem Sanskrit haben wir uns in der Regel an die Praxis der amerikanischen Herausgeberin gehalten. Sie schrieb dazu folgendes: „Wir

haben die Übersetzungen der bekannten Sanskritausdrücke in diesen Vorträgen nicht ausgearbeitet. Es ist für den Leser leichter, Sokei-an's Gebrauch dieser Ausdrücke im Zusammenhang mit Buddhismus und Zen zu verstehen oder besser gesagt zu ‚fühlen', wenn er die unvermeidlichen Spitzfindigkeiten umgeht, die mit der Suche nach der bestmöglichen Übersetzung oder Definition verbunden sind. Es war nicht Sokei-an's Gewohnheit, solches Material auf scholastische oder wissenschaftliche Weise darzulegen, er zog es vor, seine Gedanken spontan mit denjenigen Worten auszudrücken, die ihm im Moment einfielen und geeignet schienen, seine Erkenntnis zu übermitteln."
Für Sanskritausdrücke, die von Sokei-an nicht ausdrücklich erklärt wurden, fügten wir als Fußnote eine Erklärung bei aus „The Oxford Sanskrit Dictionary, ed. Monier-Williams".

Inhaltliche Probleme der Übersetzung wurden mit Herrn Dr. H. Platov (aufgewachsen in Berlin) diskutiert, welcher als der älteste Schüler von Sokei-an und als Priester des Rinzai-Zen, Myoshin-ji, Kyoto, Japan, als Zen-Lehrer in Amerika und in der Schweiz tätig ist. Sokei-an's Texte wurden auf seine Anregung übersetzt. Für seine tatkräftige Mithilfe und Unterstützung gebührt ihm ganz besonderer Dank.

Außerdem danken wir Frau M. Farkas von „The First Zen Institute of America", New York, für die Erlaubnis zur Übersetzung und Herausgabe der von ihr im Englischen überarbeiteten Vorträge, sowie den Mitgliedern der Rinzai-Zen-Gesellschaft Zürich, die uns bei der Durchsicht und Korrektur der deutschen Fassung geholfen haben.

Die Übersetzerinnen<br>
AGATHE WYDLER<br>
HILARY THOMPSON

# BUDDHA

*Buddha ist jener Geist, der gelassen und ruhig in viele Richtungen gleichzeitig strahlt.*

Das Wort „Buddha" stammt aus dem Sanskritwort „wissen". Buddha ist derjenige, der weiß, der Wissende. Unser gegenwärtiges Bewußtsein ist Buddha, der Wissende. Wir wissen, daß wir sehen, hören, riechen und tasten. Dies nennen wir Buddha.

Doch wir sollten uns Buddha und „Ich" nicht als zwei getrennte Existenzen im Universum vorstellen. Es gibt in der ganzen Welt nur ein Universum und nur eine universale, innewohnende Weisheit in allen empfindenden und nichtempfindenden Wesen.

Diese Kraft des Wissens, die in uns aktuell wirkt, ist Buddha. Das ist der Gott der Buddhisten. Doch wir rufen diesen Buddha nicht bei seinem Namen herbei, noch suchen wir ihn im Himmel oder tief in der Erde, wir meditieren darüber. Er ist in uns. Wir können den Buddha-Geist nicht an einer bestimmten Stelle finden, er ist weder in unserem Gehirn noch im Magen. Doch wir wissen, daß er existiert. Wir ruhen darin und meditieren.

Setze Dich einfach hin und meditiere! Wirf Dich ins große Universum! Trage kein kleines Schild mit der Anschrift „Ich" mit dir herum! Löse das Schild ab und wirf Dich ins große Universum! Du wirst es nicht sofort spüren, doch tue es jeden Tag, und etwas wird sich verändern. Eines schönen Frühlingstages wirst Du Dich auf einer Bank in einem Park setzen und Dich selber vergessen. Wenn Dein Herz, dort auf der Bank, im Rhythmus mit dem Universum schlägt, wirst Du Buddha finden.

# BUDDHISMUS

*Buddhas Ausdruck seiner eigenen Erkenntnis war weder mythologisch noch symbolisch, er war direkt und intuitiv.*

Wer die Menschen des Ostens verstehen will, muß zuerst den Buddhismus verstehen, denn er birgt das Gesetz und den Maßstab für deren Leben in sich. Umgekehrt sollte ein Orientale, der die westliche Welt verstehen will, zuerst das Christentum verstehen. Wenn er dieses nicht wirklich kennt, wird er auch die westliche Welt nie begreifen. Wir leben in einem Zeitalter, in dem man die Zivilisationen von West und Ost beide kennen lernen und verstehen sollte, obwohl sie sich stark von einander unterscheiden. Man sollte dieses Studium aber nicht mit der Einstellung eines östlich bzw. westlich eingestellten Menschen vornehmen, sondern mit der Sicht und Geisteshaltung eines Weltbürgers, eines universalen Wesens. Obwohl Ihr Menschen des Westens seit langem Vorträge von westlichen Gelehrten über Buddhismus hören konntet, wißt Ihr doch wenig vom Buddhismus, denn Ihr hattet bisher kaum Gelegenheit, authentische buddhistische Gelehrte über ihr wahres Verständnis des Buddhismus sprechen zu hören.

Ein altes chinesisches Sprichwort besagt, daß man die Jade eines bestimmten Berges nur mit der Jade eines anderen Berges polieren kann. Jade kann nur mit Jade poliert werden, doch niemals mit der Jade desselben Berges, es muß die Jade eines anderen Berges sein.

Wenn wir Orientalen westliche Philosophie studieren, erkennen wir deren großen Wert für das Verständnis unserer eigenen Philosophie, und das Studium des Christentums hilft uns, die Augen für unsere eigene Religion, den Buddhismus, zu öffnen. Auf Grund meiner 30jährigen Erfahrung und Beobachtung bin ich überzeugt, daß die westlichen Menschen, die sich mit dem Buddhismus befassen, gleichzeitig ihr Auge für bisher unerkannte Werte des Christentums öffnen sollten. Ich versuche nicht, Christen zum Buddhismus zu bekehren, aber ich hoffe, daß die Jade des Buddhismus mehr und mehr dazu benutzt wird, die Jade des Christentums zu polieren.

Buddhismus ist diejenige Religion, die von Shakyamuni Buddha gelebt und gelehrt wurde. Buddhas Ausdruck seiner eigenen Erkenntnis war weder mythologisch noch symbolisch, er war direkt und intuitiv. Wenn Ihr Euch mit dieser Religion befaßt, werdet Ihr bald erkennen, daß sie weder wissenschaftlichen noch metaphysischen Weltanschauungen widerspricht. Der Buddhismus kann sowohl an Hand von moderner Wissenschaft, als auch moderner Philosophie dargestellt werden.

Ich gehöre der Zen-Sekte an. Es ist mein Beruf, Schüler des Buddhismus mit der Methode des Zen zu trainieren. Heutzutage gibt es viele Arten von Zen-Lehrer. Manche lehren Zen durch philosophische Abhandlungen, andere durch sog. Meditation, und wieder andere durch die Übertragung von Seele zu Seele. Meine Art des Lehrens ist die direkte Übertragung des Zen von Seele zu Seele.

Zen ist eine Form des Buddhismus, die in Südindien entstand. Von dort gelangte es nach China, wo es sich weiter entwickelte. Von China wurde es nach Japan gebracht und direkt auf das tägliche Leben bezogen. Es ist sehr interessant zu sehen, in welcher Art und Weise die Japaner die Prinzipien des Zen auf das tägliche Leben übertragen haben. Im japanischen Leben hat alles, von der abstrakten Kunst bis zur persönlichen Moralität, eine Wurzel im Zen. Wenn man Zen nicht kennt, versteht man die Japaner kaum.

Doch das System des Zen läßt sich auch mit Worten ausdrükken. Es kann entsprechend der buddhistischen Philosophie von drei verschiedenen Standpunkten aus dargelegt werden. Welches sind diese drei Standpunkte? Wir nennen sie den Standpunkt des Absoluten, den Standpunkt des allen Wesens gemeinsamen Bewußtseins und den Standpunkt der Aktivität des Bewußtseins, die sich in allen Zuständen und Umständen manifestiert.

Das Absolute, von dem ich hier spreche, ist die Wirklichkeit[1] selber, das Gesetz des Urzustandes der Existenz.

Das allen Wesen gemeinsame Bewußtsein ist die Weisheit, die als das innewohnende Gesetz des Lebens existiert.

Die Aktivität des Bewußtseins, die sich in allen Zuständen und Umständen manifestiert, ist der Ablauf des menschlichen Lebens.

Wenn ein Bewußtsein mit einem anderen Bewußtsein in Kontakt kommt, ergeben sich daraus entweder Konflikte oder Harmonie. Der Buddhist, der das Leben von diesen drei Standpunkten aus betrachtet, erfährt in seinem täglichen Leben ein Minimum an Konflikten.

---

[1] Wirklichkeit: im Sinne der Erkenntnistheorie das Numenale, das der Erscheinungswelt (phänomenale Wirklichkeit) unterliegt (Anm. d. Übers.).

B**UDDHAS WEISHEIT** *Der Geist eines Kleinkindes ist rein und leer, aber auch dunkel, gleich einem schwarzen Diamanten. Er soll durch unsere Anstrengung wie ein durchsichtiger Diamant werden, rein und leer und hell.*

Buddhas Erleuchtung ist der Ursprung des Buddhismus, und Buddhas höchste Weisheit ist die Grundlage seiner Lehre. In den buddhistischen Schriften steht geschrieben, daß Shakyamuni Buddha vor 2500 Jahren, am Morgen des 8. Dezembers unter dem Bodhibaum in Bodhgaya, im Königreich von Magadha, Indien, *bodhi*, „Erwachen", und *sarvajnana*[1], „All-Wissen", erreichte. Als Kind dachte ich, „All-Wissen" bedeute die Kenntnis sämtlicher wissenschaftlichen Gebiete, sowie alle Richtungen der Soziologie, Philosophie und Theologie. Also glaubte ich, der Buddha habe alle diese Kenntnisse erlangt, was natürlich für einen Menschen unmöglich ist. Das war Täuschung. „All-Wissen" hat nichts mit sog. Klugheit oder mit jener Intelligenz zu tun, mit deren Hilfe wir uns die Kenntnisse der äußeren Welt aneignen.

Die Außenwelt ist wie ein Traum, immer in Veränderung und ohne Beständigkeit. Ihr wißt vielleicht, daß die östlichen Menschen der Außenwelt deshalb nur geringes Interesse entgegenbringen. Jemand, der die Wahrheit in der Außenwelt finden will, gleicht einem Menschen, der einen Ziegenbock zu melken versucht. Alles in der Außenwelt verläuft in verschiedenen sich andauernd verändernden Phasen. Aus diesem Grund gibt es in der Außenwelt keine Wahrheit.

Wie verhält es sich aber mit der Innenwelt? Wenn die Wahrheit nicht in der Außenwelt ist, findet man sie vielleicht in der Innenwelt. Doch die Innenwelt existiert nur im Zusammenhang mit der Außenwelt. Wie kann das Innen existieren, wenn das Außen nicht existiert? Die Buddhisten haben den berühmten Ausspruch: „Das Außen ist leer, das Innen ist leer, das Innen ist

---

[1] *Sarva:* alles, das Ganze, umfassend; *jnana:* wissen.

leer, das Außen ist leer, alles ist leer." Nun, wenn alles leer ist, brauchen wir uns keine Mühe zu geben, leb wohl, Buddhismus! — das ist die Einstellung von vielen Leuten. Doch gerade dieses „leer sein" ist das Ziel der buddhistischen Disziplin. In der christlichen Auffassung verhält es sich anders, statt zu sagen „entleere den Geist", sagen die Christen „läutere den Geist". Diese zwei Ausdrucksweisen zeigen die unterschiedlichen Vorstellungen vom menschlichen Geist. Für Euch Christen ist „rein werden" mit „ernst werden" verbunden, und „leer sein" bedeutet für Euch soviel wie „dumm sein", stupide wie ein Idiot. Der Geist eines Kleinkindes ist rein und leer, aber auch dunkel, gleich einem schwarzen Diamanten. Er soll durch unsere Anstrengung wie ein durchsichtiger Diamant werden, rein und leer und hell!

Als erster Schritt in diese Richtung unterscheiden die Buddhisten bei allem zwei Seiten, z. B. außen und innen oder Erscheinung und Wirklichkeit. „All-Wissen" hat wenig mit der Welt der Erscheinung zu tun, jedoch viel mit der Welt der Wirklichkeit. Gewöhnlich stellen sich die Menschen die Erscheinungswelt als außen und die Wirklichkeit als innen vor, doch im Zustand der Wirklichkeit gibt es weder innen noch außen. „All-Wissen" ist die Weisheit, die den Zustand der Wirklichkeit erkennt.

Im alten Japan zogen sich junge Menschen während des Sommers in die Berge zurück und meditierten, um zur Wirklichkeit zu gelangen. Sie aßen nur einmal im Tag, schlossen die Augen und versuchten, alles zu vergessen. Im Herbst kamen sie zum Tempel zurück, und der Lehrer fragte: „Hast du die Wirklichkeit gefunden? Wenn ja, beweise es!" Aber wie kann man die Wirklichkeit beweisen, wenn sie nicht in dieser phänomenalen Welt existiert? Wenn der Schüler so fragt, haftet er noch an zwei Seiten, dann entspricht das, was er erreicht hat, nicht der Wirklichkeit. Die Wirklichkeit muß in diesem Augenblick erfaßt werden. Es ist nicht nötig, die Augen zu schließen, noch ist es nötig, sie offen zu halten. Es ist nutzlos, in einer Höhle zu „überwintern", und es ist auch nutzlos, in den Straßen einer Stadt herum zu rennen. Ihr müßt die Wirklichkeit in diesem Augenblick, während Ihr hier sitzt, erreichen.

Meint Ihr, die Wirklichkeit könne mit den Augen erkannt werden? Das Auge erzeugt Farbe. Meint Ihr, die Wirklichkeit könne mit den Ohren erkannt werden? Das Ohr erzeugt Ton. Ihr müßt verstehen, daß es sich hier um eine typisch buddhistische Ausdrucksweise handelt: Buddhisten sagen nicht, „das Auge sieht Farbe, und das Ohr hört Ton," sondern „das Auge erzeugt Farbe, und das Ohr erzeugt Ton." Weisheit jedoch erkennt die Wirklichkeit. Wie tut sie das? Die Antwort darauf finden wir in den alten buddhistischen Schriften. 5048 Bände gibt es, die ins Chinesische übersetzt wurden, und in denen das „Wie" beschrieben ist. Aber auch wenn wir unser ganzes Leben mit dem Lesen dieser Schriften zubringen, sind wir doch meilenweit vom Erreichen der Wirklichkeit entfernt.

Es ist nicht nötig, alle diese Sutras zu lesen. Ihr müßt die Wirklichkeit in diesem Augenblick erkennen, unmittelbar. Ihr braucht Euch nicht den Kopf zu zerbrechen, auch ist es nicht nötig, viele Jahre lang zu warten, Ihr müßt die Wirklichkeit in diesem Augenblick erreichen!

Dann, wenn man die Wirklichkeit erreicht hat, kann man die Augen auf alle Zweige der Wissenschaft und alle Richtungen der Philosophie und Theologie richten. Man kann sich die Kenntnisse von Wirtschaft, Justiz, Politik, Kriminologie, Soziologie usw. aneignen und kann sich mit der ganzen Literatur bekannt machen, um dadurch das emotionelle Leben der Menschen und das schmerzhafte Streben der menschlichen Existenz zu verstehen. Dann ist man ein Mensch, ein reifer Mensch.

Solange man sich anstrengt, um die Wirklichkeit zu erreichen, ist man noch ein Kind. Aber wenn man die Wirklichkeit erreicht hat, dehnt sich das Wissen aus, der Same der Weisheit kommt zum Blühen, er entwickelt acht Blütenblätter und umfaßt alles Wissen der Welt. Deshalb nennen wir diese Weisheit „All-Wissen". Der Buddha stieß auf den Kern der Weisheit vor 2500 Jahren, am Morgen des 8. Dezembers.

Der Kern der Weisheit ist wie der Columbus Circle in New York, von welchem acht Straßen mit ihren Verzweigungen ausgehen. Wenn Ihr diesen Kern nicht erreicht, werdet Ihr Euer ganzes Leben lang nur von einer Abzweigung zur andern wandern, ohne je das Zentrum der Weisheit zu finden.

Da Ihr als Menschen nicht einfach *sein* könnt, kann Euer Geist nicht rein sein. Ihr habt die Vorstellung, Ihr müßtet klug sein und ein Gedächtnis wie ein Wörterbuch haben. Ihr meint, Eure Augen müßten glänzen, und es sei nötig, allerhand merkwürdige Gesten zu machen. Nein, Ihr müßt nur das Zentrum der Weisheit ergreifen.

Im Westen wird dieser Kern der Weisheit im Rahmen der Erkenntnistheorie besprochen. Um die Erkenntnistheorie zu verstehen, muß man jedoch Ontologie[2] verstehen. Uns Buddhisten erscheint diese westliche Methode seltsam. Erkenntnistheorie und Ontologie existieren nur auf dem Papier. Auf diesem Weg kann man das Zentrum der Weisheit nicht finden. Im Westen wird alles objektiviert, im Osten alles subjektiviert; keines von beidem ist richtig.

Als ich jung war, bewunderte ich Leute, deren Haus voller Bücher war. Ich sagte mir, diese Leute müßten einen besonders wunderbaren Verstand haben, daß sie alle diese Bücher lesen könnten. Aber später realisierte ich, daß sie die Bücher nicht lesen, weil sie gar keine Zeit dazu haben. Sie lesen vielleicht zwanzig Minuten lang in einem Buch und gehen dann zu einem anderen über. Sie haben es wirklich nicht leicht!

Wenn ich daran denke, daß mir 5048 Bände mit buddhistischen Sutras zur Verfügung stehen, realisiere ich, daß ich in meinem Leben niemals alle lesen kann. Und es gibt unzählige Wissensgebiete, so viele Dinge, mit denen ich mich nicht befassen kann. Konzentriert man sich z. B. auf Philosophie, hat man keine Zeit, Justiz, Medizin, Politik, Strategie oder Taktik zu studieren. Und so erkenne ich, daß ich dieses Etwas ergreifen muß, welches das Zentrum von allem ist. Ich muß mich mit diesem *sarvajnana*, dem Zentrum des „All-Wissens", welches der Buddha vor langer Zeit erreichte, zufrieden geben.

Ich versuche, mein Leben zu vereinfachen, um ein gewöhnlicher und unkomplizierter Mensch zu werden. Einfach ein

---

[2] Wissenschaft des Seins, auch als Metaphysik bezeichnet. (Anm. d. Übers.)

Mensch zu ein, ist alles, wonach ich strebe. Für die Leute, die mir begegnen, sehe ich aus wie ein Bauer. „Guten Morgen! Wie geht es?" — das ist alles. Es geht nicht nur mir so, jeder religiöse Mensch kommt schließlich an diesen Punkt.

Viele sagen, Buddhismus sei Philosophie, langweilige und schreckliche Philosophie. Ja, es ist Philosophie, aber eine Philosophie, die wie ein Scheuerlappen allen Schmutz wegreibt. Wenn der Schmutz weg ist, seht Ihr Eure Hand, eine reine einfache Hand. Buddhismus ist einfach und unkompliziert. Es gibt nichts daran, was einem Kopfweh macht.

D*ER MITTLERE WEG Das Grundgesetz, auf dem der Buddhismus basiert, ist unser gegenwärtiges Bewußtsein. Dieses Bewußtsein ist nicht ewig, sondern vergänglich; es erscheint und vergeht. Es ist das Glied zwischen den vergänglichen Phänomenen und der numinosen Wirklichkeit.*

Ihr müßt wissen, daß es zwei Arten von Buddhismus gibt. Das eine ist der Buddhismus der Legende, jenen Erzählungen, die nicht historisch, sondern erdichtet sind, und das andere ist die historische Religion, die von Shakyamuni Buddha selber begründet wurde. Shakyamuni's Religion ist die eine Quelle, aus welcher später alle verschiedenen buddhistischen Schulen entstanden sind. Die Entwicklungsgeschichten der einzelnen Schulen oder Richtungen wurden von den jeweiligen Anhängern während mehr als 2000 Jahren sorgfältig beschrieben.

Die Legende entstand über vielen Generationen, geschaffen und weitergegeben von den unzähligen Verehrern des Buddha. Die Geschichte von der unbefleckten Empfängnis des Buddha gehört z. B. dazu (s. S. 26). Um diese Erzählungen zu verstehen, muß man die buddhistische Symbolik studieren. Wenn man sie fälschlicherweise als reine Tatsachenberichte oder aber bloß als Phantasiegebilde auffaßt, versteht man überhaupt nichts davon.

Leider gehören die buddhistischen Werke, die ins Englische oder Deutsche übersetzt wurden, fast alle zur Legende. Der wahre Teil des Buddhismus blieb von den westlichen Gelehrten beinahe unberührt. Die westlichen Gelehrten betrachteten die Aufzeichnungen, die den aktuellen Buddhismus betreffen, lediglich als Beschreibungen des täglichen Lebens der buddhistischen Mönche und Laien oder deren Diskussion untereinander. Sie legten keinen Wert auf dieses Material. Das ist ein großer Fehler, denn diese Aufzeichnungen zeigen die wahre Geschichte des Buddhismus am Beispiel der Menschen, die sich bemühten, Buddhas Lehre im täglichen Leben zu verstehen und anzuwenden. Deshalb spreche ich, wenn ich über Buddhismus rede, nicht über den erfundenen Teil, sondern versuche, diesen aktuellen Buddhismus, der nicht in den gewöhnlichen Übersetzungen gefunden wird, zu erklären.

Im historischen Buddhismus unterscheidet man zwischen Mahayana und Hinayana, auch das große und das kleine Gefährt genannt. Viele Leute glauben, Hinayana sei diejenige Form des Buddhismus, die noch heute in Sri Lanka praktiziert wird, während Mahayana der Buddhismus von China und Japan sei. Diese Ansicht ist oberflächlich, denn in Wirklichkeit ist Mahayana im Hinayana enthalten und Hinayana im Mahayana. Die buddhistische Praxis umfaßt zwei Phasen, die man sich als aufsteigend und absteigend denken kann. So betrachtet ist Hinayana die aufsteigende Phase und Mahayana die absteigende. Natürlich ist der Buddhismus, der von Shakyamuni Buddha gelehrt wurde, weder auf- noch absteigend. Das, was der Buddha wirklich hervorhob, ist der mittlere Weg. Buddhas Ansicht des mittleren Weges darf allerdings nicht verwechselt werden mit etwas, das zwischen zwei Dingen liegt. Er kann auch *ekayana*, der Eine Weg, genannt werden.

In den Sutras der Hinayana-Buddhisten liest man immer wieder, daß man alle Begehren vernichten, nur einmal im Tag essen, und die ganze Zeit in einer Höhle meditieren soll, um dann Nirvana zu erreichen. Auf diese Weise vom Fuß des Berges zum Gipfel, Nirvana, zu steigen, galt den Urbuddhisten als das Hauptziel — es ist die aufsteigende Phase. Erst dann, wenn man wieder am Fuße des Berges angelangt ist, kann man beides sehen, den Aufstieg und den Abstieg. Dann, wenn man Erlösung erlangt hat und befreit ist von den körperlichen Begehren und den Verwicklungen des Denkens, kann man seine eigene Erlösung auf Andere ausdehnen. Aus diesem Grunde gleicht die Tätigkeit eines buddhistischen Lehrers derjenigen eines Bergführers.

Ihr fragt Euch vielleicht, warum man diese Reise hinauf und hinunter machen muß, wenn sich die Erlösung unten am Berg befindet? Zur Beantwortung dieser Frage gibt es eine Geschichte, die den meisten japanischen Kindern bekannt ist:

Ein Meister befahl seinem Schüler, das Gebot „Du sollst nicht töten" sehr streng einzuhalten. „Du sollst kein Fleisch essen, denn um Fleisch zu essen mußt du ein Lebewesen töten. Um Erleuchtung zu erlangen, darfst du keine Angst haben. Doch wenn du tötest, hast du Gewissensbisse; dann bist du beunruhigt und kannst dich nicht auf den Punkt des Nirvana konzentrieren. Deshalb sollst du nicht töten." Der Schüler befolgte diesen Befehl so genau, daß er nicht einmal eine Mücke tötete. Sogar wenn er eine Rübe, seine einzige erhältliche Nahrung, ausgrub, sagte er: „Verzeih', daß ich dich aus der Erde grabe. Ich muß es tun, um mein Leben zu erhalten." Und dann aß er die Rübe. Eines Tages beobachtete er, wie eine Katze einen Fisch in das Tempelgelände brachte und dort liegen ließ. Als er sah, daß der Fisch tot war, dachte er: „Warum soll ich diesen Fisch nicht essen, ich habe ihn nicht selber getötet?" Also nahm er den Fisch und begann, ihn zu kochen. Während er den Fisch kochte, kam der Meister, der den Geruch wahrgenommen hatte, und fragte, was er tue. Er antwortete: „Das Fleisch des Fisches wird in das Fleisch meines Körpers umgewandelt werden und das wird mir helfen, die Erleuchtung zu erlangen." Der Meister antwortet: „Sehr gut, du verstehst." Der Schüler war verwundert: „Warum, Meister, haben Sie mir denn verboten, Fleisch zu essen?" Der Meister antwortete: „Hätte ich das nicht getan, hättest du den Wert der Nahrung nicht verstanden und wärest verschwenderisch geblieben."

Diese mahayanistische Art der Beweisführung erklärt, warum die Mahayana-Buddhisten das Aufhören aller Begehren üben.

Sie tun es, um den Gipfel des Berges — die sog. Reinheit — zu erreichen, um dann zum Fuß des Berges zurückzukehren. Denn nur durch das Ausräumen aller Beunruhigungen und Verwicklungen aus Körper und Geist kann man Erlösung erlangen. Diese Übung der Auflösung aller Wünsche ist eine charakteristische Eigenheit des Buddhismus. Die Mönche üben es in einem Tempel während 10—15 Jahren. Sie wollen dadurch das wesentliche Grundgesetz des Menschen, den mittleren Weg finden.

Was würde jedoch aus dem menschlichen Leben werden, wenn alle Menschen Mönche würden? Die Begehren zu überwinden, ist nur eine Voraussetzung, aber nicht das letzte Ziel des Buddhismus.

Das Grundgesetz, auf dem der Buddhismus basiert, ist unser gegenwärtiges Bewußtsein. Dieses Bewußtsein ist nicht ewig, sondern vergänglich; es erscheint und vergeht. Es ist das Glied zwischen den vergänglichen Phänomenen und der numinosen Wirklichkeit.

Mit diesem einen Verständnis könnt Ihr zum Fuß des Berges hinuntersteigen, damit könnt Ihr das tägliche Leben führen. Es ist der Schlüssel, mit dem Ihr alle Fragen des menschlichen Lebens lösen könnt. Aber bevor Ihr nehmt, müßt Ihr geben — aufgeben ist der erste Schritt. Aufsteigen und Absteigen sind natürlich nur Vorstellungen. In Wirklichkeit gibt es weder einen Berg noch eine Straße. *Hier* ist der aktuelle Ort, *dieser Augenblick* ist der mittlere Weg. Es gibt keine zwei Vehikel, sondern nur eines. Alle Menschen sind Buddha, das Leben auf dieser Erde ist das ewige reine Land[1]. Die Wirklichkeit jenseits der fünf Sinne und die Wirklichkeit der Phänomene sind eins. Wenn Ihr diesen zentralen Punkt erfaßt, werdet Ihr die Befreiung erleben. Jeder Augenblick ist der Augenblick jenseits von Vergangenheit, Gegenwart und Zukunft. Aber Ihr müßt es erfassen, nicht darüber reden. Dann werdet Ihr wirkliches Verständnis haben.

---

[1] Das ewige reine Land: der Ort, nachdem die Anhänger der buddhistischen Amida-Sekte streben (Anm. d. Übers.).

# DIE UNBEFLECKTE EMPFÄNGNIS
*Der absolute Geist (Gott) hat keinen Namen. Wir können für ihn keinen materiellen Beweis liefern und müssen ohne Namen über ihn nachdenken.*

Am 8. April feiern die japanischen Buddhisten den Geburtstag von Shakyamuni Buddha, den Jahrestag seines Kommens. Einige Sutras sagen, es habe vor ihm viele Buddhas gegeben, aber gewöhnlich zählen wir deren sieben. Shakyamunis Herrschaft begann nach der Zeit von Kasyapa Buddha und wird mit der Ankunft des Maitreya Buddha enden.

Für uns ist der Buddha ein Lehrer. Er ist nicht „der Sohn Gottes". Im Buddhismus sind wir alle Kinder Gottes, also ist der Buddha nur eines davon.

Als Mensch war der Buddha das Kind eines Rajahs oder Königs. Der Legende gemäß trat er durch die linke Armhöhle in den Körper seiner Mutter ein und wurde aus der rechten Armhöhle geboren. Dies hat eine bestimmte Bedeutung. Die Schöpfer dieser Legende versuchten, mit Hilfe dieser Symbolik etwas Religiöses auszudrücken. Solche Geschichten sollten deshalb nicht bloß als Absurdität abgetan werden.

Es wird auch erzählt, daß der Buddha von seiner Mutter „unbefleckt" empfangen wurde. In der Sprache der Symbolik heißt es, der Königin sei im Traum ein weißer Elefant erschienen, der vom Tushita-Himmel herunterkam und in ihren Körper eintrat. Diese Idee der unbefleckten Empfängnis bezieht sich auf den Beginn der Schöpfung. Alle Seelen werden am Anfang „unbefleckt" geschaffen. Am Anfang, vor „positiv" und „negativ", oder vor „plus" und „minus", gibt es etwas, das weder das eine noch das andere ist — das Absolute. Es ist bewegungslos, ewig und hat weder Raum noch Zeit. Im Vergleich mit der phänomenalen Welt von Zeit und Raum bezeichnen wir diesen Zustand als negativ, aber in Wirklichkeit ist er weder positiv noch negativ. Wir sind es gewohnt, die Erscheinungswelt in zwei Phasen zu teilen, in positiv und negativ, doch welche war zuerst? Das wirklich Erste ist weder positiv noch negativ, das Zweite ist negativ und das Dritte positiv. Das Zweite ergibt sich aus dem Ersten, und aus dem Negativen entstehen Raum und Bewegung und diese nennen wir dann positiv. Das ist die übliche Erklärung der phänomenalen Schöpfung. Wenn wir dieses Geschehen auf den menschlichen Körper übertragen, können wir sagen, daß Maya den Buddha und Maria den Christus unbefleckt empfingen.

Der absolute Geist (Gott) hat keinen Namen. Wir können für ihn keinen materiellen Beweis liefern und müssen ohne Namen über ihn nachdenken. Deshalb ist die erste Empfängnis „unbefleckt". Wenn wir die Geschichte des menschlichen Geistes schreiben, müssen wir die erste Seite des Buches leer lassen. Der Mensch empfing Gott namenlos, doch dann spricht er über ihn mit vielen Namen: Gott, Energie, Proton, Null, Eins, Allah, Kami, Buddha. Unser Geist muß etwas haben, woran er sich halten kann — Worte, Namen oder sogar Träume. Aber wenn Ihr die wahre Wirklichkeit mit Namen erfassen wollt, werdet Ihr scheitern.

Es wurde gesagt: Du sollst dir kein Bildnis von Gott machen. Aber damit ist nicht irgend ein Bild aus Holz oder Stein gemeint. Man muß *ES* ohne Form, Farbe und Stimme empfangen. Man kann *ES* nicht durch Berührung empfangen. *ES* ist der Anfang aller Gedanken, aller Religionen. Der Name Gottes ist nur ein Name — nicht Gott selbst, nicht Religion. Um den Geburtstag des Buddha zu feiern, müssen wir die Wahrheit unbefleckt empfangen.

# DAS AUFGEBEN
*Es ist sehr schwer, die Vorstellung von sich selber aufzugeben, denn jedermann hält an seinem Ich, an seiner Wurzel, fest.*

Wenn jemand uns fragt, was wir im Zen üben, lautet die Antwort: „Wir üben das Aufgeben." Erstens geben wir die Welt auf, zweitens geben wir unsere Ideen auf, drittens geben wir uns selbst auf. Wenn der Schüler die Welt aufgegeben hat, beginnt er normalerweise, die Sutras zu studieren und bekommt dann buddhistische Ideen. Der Zenmeister muß ihm helfen, *alle* Ideen aufzugeben und eine richtige Haltung zu entwickeln. Im dritten Stadium muß der Schüler sich selber aufgeben, um der menschlichen Welt zu dienen. Es gibt nicht viele Buddhisten, die dieses Stadium erreichen. Wenn alle es täten, gäbe es keine Schwierigkeiten im täglichen Leben. Ich will die drei Stadien an Hand einer Allegorie darstellen:

Der Bambus wächst aus einem Sprößling Tag um Tag, bis er die Höhe von drei bis fünf Meter erreicht hat. Sein Laub ist tief grün glänzend. Wie schön ist er! Dieses Stadium entspricht dem Menschen, der das weltliche Leben aufgegeben hat und in das buddhistische Leben eingetreten ist. Sein Wissen und seine Philosophie sind wie das Laub des Bambus.

Im zweiten Stadium will man den Bambus selber sehen, deshalb schneidet man alle Blätter ab und läßt nur einen langen geraden Stock übrig. Das Abschneiden entspricht dem Zentraining.

Im dritten Stadium wird der Bambusstock von seiner Wurzel abgeschnitten. Was dann? Eine Frau benutzt ihn als Wäschestange, an der die Windeln ihres Babys trocknen, oder ein Bootsman benutzt ihn, um sein Boot zu stoßen. Oder jemand macht eine Flöte daraus oder einen Korb oder Eßstäbchen.

Viele Schüler sind stolz darauf, ein schöner Bambus voller Blätter zu sein, aber wer liebt schon die Idee, eine Wäschestange oder ein Eßstäbchen zu sein? Es ist sehr schwer, die Vorstellung von sich selber aufzugeben, denn jedermann hält an seinem Ich, an seiner Wurzel, fest. Solch ein Bambus kann nicht benutzt werden, man kann ihn höchstens im Garten behalten.

# DIE DREI JUWELEN

*Es klingt sehr mysteriös zu sagen, daß wir Buddha, der vor 2500 Jahren starb, heute sehen und mit unserer Hand berühren können. Aber wenn Ihr diese mysteriösen Worte wirklich versteht, seid Ihr mit Buddha.*

Ein buddhistischer Lehrer schließt seine Vorträge in der Regel mit der Rezitation der drei Zufluchtnahmen ab. Er sagt: „Ich nehme Zuflucht zu Buddha, ich nehme Zuflucht zum Dharma, ich nehme Zuflucht zur Sangha." Buddha, Dharma und Sangha sind die drei Juwelen oder Kleinode, die drei wertvollsten Dinge, zu denen der Buddhist Zuflucht nimmt. Am Anfang war mit „Buddha" natürlich Shakyamuni Buddha gemeint, Dharma war seine Lehre und Sangha seine Gemeinschaft. Aber im Laufe der Zeit hat sich die Bedeutung dieser dreifachen Zuflucht allmählich ausgedehnt und weiter entwickelt.

*Ich nehme Zuflucht zu Buddha:* Es ist nicht einfach, mit Hilfe des Wortes „Buddha" den heutigen Begriff „Buddha" zu erklären. Wir wissen, daß die Person namens Buddha vor etwa 2500 Jahren gelebt haben soll. Aber was und wo ist Buddha heute? Man könnte sagen, Buddha sei im Nirvana, oder er befinde sich in einer menschlichen Gestalt, die er, wie manche glauben, durch Reinkarnation angenommen hat. Oder man sagt, Buddha sei nur eine Doktrin, oder er sei die Wirklichkeit, die von unserem selbsttäuschenden Standpunkt aus unfaßbar ist. Oder man sagt, Buddha sei das wirkliche Sein, allerdings in menschlicher Gestalt. Wir sehen, die Frage, was Buddha *ist,* ist eine tiefgreifende Frage. Die buddhistischen Gelehrten der Vergangenheit machten ihre eigenen Definitionen von „Buddha" und gründeten darauf ihre jeweiligen Schulen.

Zur Lebzeit des Buddha gab es dieses Problem nicht. Buddha war der Buddha, der Lehrer der Sangha. Durch seinen Tod verlor die Sangha jedoch ihren Führer, den Träger ihrer Lehre, den Hauptgegenstand ihrer Verehrung. Daraufhin waren sich die Gläubigen lange Zeit im Unklaren, wie sie sich Buddha vorstellen sollten, und sie bemühten sich sehr, zu entscheiden, was

Buddha *ist*. Buddhas Lehre kann nicht Buddha sein, auch ein Mensch kann nicht Buddha sein, was also ist Buddha? Die Zeitspanne dieser Auseinandersetzung umfaßte ungefähr die ersten 400 Jahre der Entwicklungsgeschichte der buddhistischen Philosophie. Wir nennen sie die Quasi-Mahayana-Periode.

Um die Streitfrage zu lösen, versammelten sich 500 Mönche und legten die Diskussionen später in 500 Bänden nieder. Folgende Entscheidung wurde getroffen: Buddha ist nicht der Körper des Buddha und nicht die Gedanken des Buddha. Buddha ist die ursprüngliche Natur aller empfindenden Wesen, in welcher das Wissen innewohnt. Daher lebt Buddha auch nach dem Tod der Person Buddha weiterhin. Es ist die ursprüngliche Natur, das ursprüngliche Wissen aller Menschen. Dieser Buddha befindet sich im Zustand von Nirvana. Nirvana ist der Bereich, in dem Buddha wohnt. Dies scheint eine sehr komplizierte Theorie zu sein, doch wenn man genau überlegt, ist es ganz einfach. Kurz gesagt: der Zustand von Nirvana ist der Zustand von Buddha. Also wissen wir, *wo* Buddha ist — unser Wissen beweist es. Folglich können wir auch zeigen, *was* Buddha ist — wie er sich uns darstellt in Farben, Tönen, Gerüchen usw. Es klingt sehr mysteriös zu sagen, daß wir Buddha, der vor 2500 Jahren starb, heute sehen und mit unserer Hand berühren können. Aber wenn Ihr diese mysteriösen Worte wirklich versteht, seid Ihr mit Buddha.

In allerfrühester Zeit war Buddha der Gott der Shakyas, eines indischen Stammes aus der Zeit vor der Ankunft der Arier in Indien. Der allwissende Gott, der Gott der Weisheit hieß Buddha. Das Sanskritwort *bodhi*, ,,Weisheit" oder ,,Wissen" ist die Wurzel des Wortes Buddha. Auch das englische Wort ,,forebode", zu deutsch ,,weissagen", geht auf diese Wurzel zurück. Durch diese Weisheit und Kraft der Erkenntnis, *bodhi*, weiß ich um meine eigene Existenz. Bei den nichtempfindenden Wesen befindet sich dieses Bewußtsein der eigenen Existenz in einem Schlafzustand, doch bei den empfindenden Wesen ist es die wesentliche Kraft.

Der Ausdruck ,,Buddha" bezieht sich also sowohl auf Shakyamuni Buddha, als auch auf alle vergangenen und zukünftigen

Buddhas. Buddha als solcher ist allwissend, allgegenwärtig und allmächtig. Transformiert erscheint er vor uns als Person, als Mensch. Die Auffassung, daß Buddha vor uns erscheint und wir mit ihm sprechen und er mit uns, gehört in den sog. mystischen Bereich des Buddhismus. Es ist die spezielle Auffassung, die von der Zenschule vertreten wird.

*Ich nehme Zuflucht zum Dharma:* Was bedeutet Dharma? Hier bedeutet Dharma in erster Linie die Lehre des Buddha. Aber es ist auch all das, was vor uns erscheint, in der Natur, im Universum und im Geist. Das ganze Gesetz der Existenz ist Dharma. Wenn wir heute sagen: „Ich nehme Zuflucht zum Dharma", ist dieses Dharma nicht mehr nur auf das beschränkt, was von Buddha gelehrt wurde. Es umfaßt alles.

*Ich nehme Zuflucht zur Sangha:* Zur Zeit des Buddha war die Sangha klein und begrenzt. Sie setzte sich zusammen aus den getrennten Gruppen der Mönche, Nonnen, Novizen, Novizinnen, jungen Mädchen, jungen Knaben und den Laien (Männer und Frauen).

Die Sangha ist der Mittelpunkt des täglichen Lebens der Buddhisten, in ihr sind alle umfangen von *einer* Liebe. Der Buddha benutzte das Wort Liebe in einem zweifachen Sinn, er sprach von der weltlichen Liebe und der Liebe im Dharma. Die Liebe, die mit Mitleid oder Sympathie gleichgesetzt werden kann, ist die irdische Liebe oder die häusliche Liebe. Die Liebe im Dharma ist der Glaube. In der Sangha werden alle *ein* Körper im Glauben, welcher Liebe ist.

Die Sanskritbezeichnung für die sog. „drei Juwelen" heißt *ratnatraya*[1]. Die Fachausdrücke des Buddhismus wurden seit Alters her immer auf die gleiche traditionelle Art und Weise erklärt. Nach Ansicht der buddhistischen Gelehrten wurden sie nicht von Buddha selber erfunden, sondern bildeten sich seit der Regierungszeit von König Asoka (200 Jahre nach Buddhas Tod) allmählich heraus. Während der Herrschaft von König Kansihka, der im 2. Jahrhundert n. Chr. in Nordindien regierte, kam ihre Entwicklung langsam zu Ende. Nach der Verbreitung des

---

[1] *ratna:* Juwel, Edelstein; *traya:* drei.

Buddhismus in China fügten die chinesischen Buddhisten viele weitere Ausdrücke bei. Doch diese sind weniger bekannt, als die ursprünglichen Sanskritausdrücke.

## D**AS ÄUSSERE HAUS UND DAS INNERE HAUS** *Solange wir in diesem Körper mit seinen fünf Sinnen leben, können wir Geräusche und Farben nicht abweisen. Ebenso müssen wir beides, Freude und Leid, annehmen.*

Die objektive Erscheinungswelt und die subjektive Welt des Geistes sind das äußere und das innere Haus unserer Seele. Wir Menschen sollten uns mit diesen zwei Häusern gründlich bekannt machen.

Wir wissen, daß das äußere Haus nicht die Wirklichkeit ist. Der blaue Himmel, das grüne Wasser, die roten Blumen sind die Erscheinungsformen der Wirklichkeit, nicht die Wirklichkeit selber. Da wir in diesem merkwürdigen äußeren Haus leben und dagegen nichts tun können, müssen wir es so annehmen, wie es zu sein scheint. Wir türmen Teile dieser Erscheinungswelt aufeinander, geben ihnen Namen wie Ziegel, Eisen, Stein oder Beton und formen sie zu Unterkünften für unseren physischen Körper. Doch während wir darin leben, fürchten wir ständig ihren Verlust; wir beklagen ihre veränderliche Natur und hoffen gegen alle Hoffnung, daß sie für immer bestehen bleiben. Wir klammern uns an diese Erscheinungen, die unsere umhegten Besitztümer werden und weinen bitterlich, wenn sie vergehen.

Der physische Körper, der entsprechend dem alten Denken aus Erde, Wasser, Feuer und Luft besteht, ist auch nur eine Erscheinungsform. Er wird geboren, bleibt eine Weile, zerfällt und verschwindet. Dieses physische Haus, der menschliche Körper, ist zerbrechlicher als das Haus aus Eisen und Stein, Ziegel oder Beton. Doch es ist mein eigenes geliebtes Haus! Ich habe nur dieses eine und kein anderes. Ich bewache diesen Körper, welcher mein Eigentum zu sein scheint, es in Wirklichkeit jedoch nicht ist, wie einen Schatz.

Indem wir so das äußere Haus genau untersuchen, gelangen wir auf natürliche Art zur Erkenntnis, daß wir auch in einem inneren Haus leben. Was ist dieses innere Haus? Woraus ist es aufgebaut? Wenn Ihr Eure Augen für das äußere Haus schließt und die Aufmerksamkeit nach innen richtet, könnt Ihr diesen inneren Wohnort kennen lernen. Das innere Haus ist aus Gedanken, Träumen und mentalen Bildern aufgebaut, die von morgens bis abends an unserem inneren Auge vorbeiziehen gleich Schatten einer dämonenhaften Prozession. Genau so, wie der physische Körper im äußeren Haus lebt, so lebt die Seele im inneren Haus. Mentale Bilder formen sein Knochengerüst, Gedanken sein Fleisch, Emotionen sein Nervensystem, der Verstand seine Arterien und das Bewußtsein sein Herz. Dieses innere Haus ist wie das äußere Haus eine Erscheinungsform und ist ebenso wacklig wie jenes.

Jeder Mensch lebt in einem inneren Haus. Einige innere Häuser sind nach einem bestimmten System konstruiert. Man nennt sie dann Christentum, Buddhismus, Transzendentalismus, Schule des Immanuel Kant, griechische Philosophie usw. Es gibt natürlich auch viele Leute, die nicht in einem systematischen inneren Haus leben, sondern in einem Haus aus Kräutern, Stroh oder Bambus, Häuser ohne Säulen und ohne Dächer. Diejenigen, die in großartigen und kostspieligen äußeren Häusern leben, haben vielleicht nur ein armseliges inneres Häuschen, gleich den Hütten einiger vergessener Indianer in einem entfernten amerikanischen Reservat. Doch es gibt andere, die ein wunderbares inneres Haus haben, geschmückt mit Edelsteinen, die über viele Zeitalter hinweg gesammelt wurden: Ideen von Plato, Schopenhauer und Hegel. Solche Menschen haben vielleicht Zitate berühmter Philosophen an die Wände ihres inneren Hauses gehängt, um ihren Geist in Ordnung zu halten. Einige leben in modernen Häusern: Sozialismus, Kommunismus, Faschismus. Andere leben in ausländischen Häusern, in Sufismus, Bahaiismus, Buddhismus, Zen. Genau so wie Ihr Amerikaner Wohnhäuser in ausländischem Stil baut, so lebt Ihr in ausländischen Gedanken. Wenn Ihr sie etwas unbequem findet, bringt Ihr irgend eine kleine Veränderung an und paßt sie auf diese Weise Euren Bedürfnissen an. Dann nennt Ihr es z. B. Buddho-Christologie oder so ähnlich. Auf diese Weise schaffen wir uns unsere inneren Häuser und leben darin.

Im Orient gibt es wunderbare innere Häuser. Im Buddhismus z. B. gibt es das *Avatamsakasutra*, das *Saddharma-pundarikasutra* und das *Mahavibhasasastra*. Letzteres ist besonders großartig und wunderbar. Um es von einer Ecke zur anderen zu durchschreiten, braucht man ein ganzes Leben lang. Es handelt sich dabei wirklich um Pyramiden aus menschlichen Gedanken. Sie sind so wunderbar, daß man in ihnen leben kann, ohne ihrer Schönheit und Würde überdrüssig zu werden. Sie liefern uns ein Gedankensystem, in dem wir leben und Ruhe finden können. Aber auch sie sind schließlich nichts anderes als Häuser, vergängliche Gebilde. Heute noch sehen wir die Pyramiden von Ägypten. Das waren äußere Häuser der Ägypter. Die inneren Häuser der Ägypter kennen wir heute kaum. Jene Menschen hatten ihre eigenen wunderbaren Religionen, ihre eigenen merkwürdigen Praktiken wie z. B. die Verehrung von Isis und Osiris oder der Sonne im Tempel von Memnon. Ich wünsche, wir könnten dies wieder nachvollziehen! Aber alle inneren Häuser sind auch bloß Erscheinungen, zerbrechliche, veränderliche, vorübergehende Dinge, die an unserer Seele vorbeiziehen gleich Rauchwölklein, die ihre Form ständig ändern. Wenn Ihr versucht, sie festzuhalten, erkennt Ihr ihre Natur. Sie erscheinen, bleiben eine Weile, zerfallen und verschwinden. Sakyamuni Buddha lehrte, daß alles, was existiert, diese vier Phasen des Wachsens, Bleibens, Zerfallens und Sterbens durchläuft. Doch die wechselnden Phasen unserer Geister-Häuser zu sehen, verursacht in uns Leiden und Tränen, und wir flehen: „Geht nicht weg! Bleibt bestehen!" Trotzdem gehen sie.

Da wir weder unsere äußeren Häuser noch unsere inneren Häuser für immer behalten können, müssen wir mit Hilfe unseres Verstandes erkennen, wann der Wechsel stattfindet, wir müssen die Unmöglichkeit der Flucht vor dem Leiden erkennen, welches entsteht, wenn ein Ding seine Form ändert, und ein anderes wird. Deshalb müssen wir unser Haften an innere und äußere Häuser durchbrechen. Ihr könnt natürlich erwidern: „Es ist lustig, in diesen Häusern zu leben. Als ich jung war, freute ich mich an meinem jungen Körper und nun, da ich alt bin, liebe ich meinen alten Körper. Gestern genoß ich meine jugendhaften Vorstellungen, heute bin ich froh über meine reifen Ideen. Es macht mir nichts aus, dieses Leiden zu akzeptieren. Obwohl ich von den Übergängen gequält werde und durch das Festhalten an diesen Ideen in die Hölle gerate, halte ich an ihnen fest, ich habe diese Entscheidung getroffen."

Nun, es ist Eure Entscheidung. Niemand kann sagen, Ihr dürft nicht! Doch laßt es nicht einfach bei diesem meinem Vortrag bewenden! Ihr sollt wirklich sorgfältig darüber nachdenken, in welcher Art innerem Haus Ihr lebt. Kennt Ihr seinen Eingang? Kennt Ihr seinen Ausgang? Wißt Ihr, wieviele Fenster es hat? Vielleicht habt Ihr Euch darin verirrt? Ich müßt genau wissen, wo Ihr Euch in Eurem inneren Haus befindet, es ist wichtig für Euer ganzes Leben.

Wenn wir kein inneres Haus bauen, sind wir genau wie diejenigen, die kein äußeres Haus bauen — wie Füchse und Dachse, die in Höhlen, hinter Erdwällen oder unter Felsen leben. Dann unterscheiden wir uns nicht von Katzen und Hunden oder von den Höhlenbewohnern, die auch kein eigentliches Haus — weder ein inneres noch ein äußeres — hatten.

Genau so, wie wir einen physischen Körper brauchen um zu existieren, so müssen wir auch ein solides inneres Haus bauen. Das innere Haus ist oft langlebiger als das äußere. Den Buddhismus gibt es seit 2500 Jahren, das Christentum ist ein 2000-jähriges Haus, und die wunderbaren Gedanken einiger Philosophen der Vergangenheit sind heute noch vorhanden. Vielleicht lebt jemand von Euch im Haus seiner Großmutter. Gedanken überdauern oft viele Generationen.

Wir haben die Veränderungen, die am äußeren Haus geschehen, zu akzeptieren und müssen uns ihnen anpassen. Ebenso müssen wir uns auch den Veränderungen am inneren Haus anpassen. In meiner Heimat gab es z.B. in alter Zeit keine Individualität, individuelle Existenz wurde verneint, und die ursprüngliche Individualität des Menschen war vergessen. Niemand konnte ein persönliches Dasein haben. Niemand hatte Anspruch auf seine Freiheit als Individuum, alle lebten unter einem streng feudalen Regime und waren Mitglied *einer* Familie. Doch heutzutage kommt der individuelle Mensch eher zu seinem Recht. Mein Geld gehört mir, und ich habe das Recht, es meinen eigenen Wünschen gemäß zu verwenden. Zu meines Großvaters Zeit hat man sich deswegen dauernd gestritten. Mein Land hatte große Mühe, diese neue Idee anzunehmen. Natürlich, wenn man es genau untersucht, besitzt auch heute niemand seine eigenen Güter, doch das ist eine ökonomische Angelegenheit. Vom gesunden Menschenverstand aus gesehen, hat man seinen eigenen Besitz. Doch zu jener Zeit hatte man nicht einmal von diesem Standpunkt aus irgend etwas in seiner eigenen Hand.

Wir müssen das Leiden aushalten, das durch die Geburt neuer Gedanken und das gleichzeitige Bestehenbleiben alter Gedanken entsteht, wir können nicht anders als aufschreien, wenn alte Gedanken zerfallen, und müssen schlafen, wenn unsere eigenen Gedanken zerfallen. Man weiß, das ist das sog. menschliche Leben.

Solange wir in diesem Körper mit seinen fünf Sinnen leben, können wir Geräusche und Farben nicht abweisen. Ebenso müssen wir beides, Freude und Leid, annehmen. Doch als buddhistischer Mönch sage ich Euch eines: Ihr sollt nicht daran hängen! Ihr sollt die Freiheit der Seele bewahren. Ihr dürft keinen Selbstmord-Vertrag mit Eurem inneren Haus abschließen. Die Seele ist allein. Sie lebt und schläft in diesen zwei Häusern. Wir müssen erkennen, daß wir das nicht selber sind, sondern bloß Häuser, in denen unsere Seele wohnt. Was bin dann ich? Was ist die Seele? Auf diese Frage muß ich ein anderes Mal eingehen.

# DIE VIER EDLEN ÜBERZEUGUNGEN
*Ungebundenheit bedeutet, von Farben nicht gefärbt, von Tönen nicht weggetragen und von Wasser nicht ertränkt zu werden.*

Buddhas Lehrreden, die unter dem Titel „Die vier edlen Wahrheiten" bekannt sind, erhielten diesen Titel von europäischen

Gelehrten, die sie aus dem Sanskrit übersetzten. Doch das Wort, welches als „Wahrheit" übersetzt wurde, bedeutet in Wirklichkeit „Überzeugung". Es weist auf das Loslassen einer falschen Ansicht zu Gunsten einer richtigen. Deshalb lautet meine Übersetzung „Die vier edlen Überzeugungen".

Diese vier edlen Überzeugungen betreffen: 1. Die Ursache des Leidens, 2. Das Leiden, 3. Die Aufhebung des Leidens und 4. Den Weg zur Aufhebung des Leidens. Die vier entsprechenden Sanskritausdrücke heißen: *duhka-samudaya, duhka, duhka-nirodha* und *marga-nirodha-duhka*. Man beachte, daß *nirodha*, welches ich mit „Aufhebung" übersetze, von europäischen Gelehrten gewöhnlich als „Vernichtung" übersetzt wird. Meine Übersetzungen stimmen eventuell nicht ganz mit dem Wörterbuch überein, doch sie entsprechen dem eigentlichen Sinn der Sanskritausdrücke.

Als Erstes müßt Ihr wissen, daß es sich bei den „Vier edlen Wahrheiten" nicht um den Titel einer einzelnen Lehrrede handelt. Ich bin mit dem Engländer Rhys Davids nicht einverstanden, welcher in seiner englischen Übertragung schreibt, der Buddha habe die Lektion über die vier edlen Wahrheiten direkt nach seiner Erleuchtung für die fünf Mönche im Hirschpark gehalten und sie dann überall, wo er hinging, wiederholt. Die vier edlen Überzeugungen können nicht in einer einzigen Lektion dargelegt werden. Alle Lehrreden, die der Buddha während der 49 Jahre nach seiner Erleuchtung hielt, handelten direkt oder indirekt von diesen vier edlen Überzeugungen, doch es gab keine einzelne Rede mit diesem Titel. Falls Ihr also versucht, die vier edlen Überzeugungen wie eine in sich geschlossene Lektion zu lesen, arbeitet Ihr unter einer falschen Voraussetzung.

Jede der vier Überzeugungen ist eigentlich die Überschrift einer Gruppe oder Sammlung von Buddhas Lehrreden. Die Unterteilung in die vier Gruppen wurde später von buddhistischen Gelehrten vorgenommen. Sie werden auch die vier Körbe genannt, in diesen vier Körben kann die ganze buddhistische Theorie untergebracht werden.

*Duhka-samudaya:* Die Ursache des Leidens

*Samudaya* bedeutet „Anhäufung". Etwas sammelt sich und häuft sich endlos an. Der Buddha meinte damit aber nicht die Anhäufung von Leiden, sondern die Anhäufung unserer verschiedenen Bewußtseinszustände. Das Bewußtsein tritt z.B. vom Pflanzenreich, wo es kein Leiden gibt, in den Zustand der Insekten, Vögel, Säugetiere und schließlich in den des Menschen. In diesem Fall ist die Anhäufung die Evolution des Menschen.

Heute benutzen wir ein anderes Wort, das der Idee der Anhäufung entspricht. Wir nennen es „Organisation" und sprechen von einem „organisierten Körper" oder einer „Konstellation". Ein Haus z.B. ist eine Organisation aus Holz, Eisen, Stahl oder ähnlichem. Das menschliche Leben ist eine wunderbare Organisation, und auch die menschliche Gesellschaft ist eine Organisation.

Der Ausdruck „*duhka-samudaya*" darf nicht bloß als „Ursache des Leidens" übersetzt werden. Um ihn wirklich zu verstehen, muß viel mehr dazu gesagt werden. Er deutet darauf hin, daß das Leben Leiden ist, weil es, wie ein Haus, aus einer Organisation besteht. Wenn z.B. das Dach des Hauses nicht an seinem Platz bleiben wollte, oder die Säulen vom andauernden Aufrechtstehen ermüdeten oder der Boden sich dagegen wehrte, von Menschenfüßen betreten zu werden, wäre das Leiden.

Wenn Leben Leiden ist, weil es eine Organisation ist, was ist dann die Ursache der Organisation? Ursache und Organisation bedingen sich gegenseitig, denn in der ersten Ursache ist die Organisation enthalten, so wie die Eiche in der Eichel. Wenn also jemand etwas verursacht, muß er Leiden erwarten.

*Duhka:* Leiden

Die Sammlung der Lehrreden zum Thema „Leiden" umfaßt viele Sutras. Euer Wort „Leiden" hat einen schrecklich pessimistischen Klang. Im Sanskrit ist „*duhka*" ein Synonym für Mühe oder Arbeit. Also ist Arbeit Leiden. Wenn Arbeit für den Menschen Leiden bedeutet, ist es verständlich, daß er nicht glücklich sein kann. Sogar in einer Ruhepause muß er an die Arbeit denken, die nötig war, um die Muße zu ermöglichen. Der Buddha lehrte uns, daß wir das Leben so annehmen müssen, wie es ist, und daß wir durch das Akzeptieren des Leidens und der Mühen Glück finden können. Es gibt kein Glück ohne *duhka*. Es wird dem Menschen nie gelingen, reines Glück — ein Glück ohne *duhka* — zu finden. Der Buddha lehrte uns, daß alle, die Glück erlangen, auf *duhka* treffen. Wir müssen diese Überzeugung annehmen.

Der Buddha beobachtete das tägliche Leben der Menschen um ihn herum. Da gab es Armut, Krankheit, harte Arbeit und Tod. Im heißen Klima Indiens wächst alles sehr schnell und stirbt auch sehr bald. Es gibt natürlich Orte mit angenehmerem Klima. Die Bedingungen variieren, und die Umstände sind verschieden. In China machen Dürren und Überschwemmungen das Leben zu einem Glücksspiel: man säht den Samen und hofft auf die Ernte... In Tibet ist es sechs Monate lang Winter. Dann leben die Leute ganz in Decken eingewickelt und essen nur einmal alle drei Tage. Deshalb haben die Tibeter in ihrer Meditation sehr tiefe Gedanken! Sie müssen in das Gebiet der Religion fliehen, weil das Leben Leiden ist. Vielleicht würde man in Amerika, Frankreich und Italien sagen: „Oh nein, das Leben ist Freude", und auch einige Burschen im alten Griechenland — diesem liebenswürdigen Land mit seinen fruchtbaren Göttinnen — hätten vielleicht etwas Ähnliches gesagt. Die Bedingungen und das Klima eines jeden Landes bestimmen seine Religion. Amerika hat seine eigene Religion noch nicht gefunden. Die Amerikaner sollten ihre eigene Religion haben in Übereinstimmung mit dem Klima und den Bedingungen ihres Landes.

Die Leute verstehen unter Leiden gewöhnlich Magenschmerzen, Zahnweh, Scham, Mißhandlung oder sonst etwas dieser Art. Doch Buddhas Idee von Leiden war ganz anders. Er sagte, das Leben ist Leiden, weil er sah, daß alles veränderlich ist, daß die Dinge nie bleiben, was sie sind.

In einem Sutra wird erzählt, daß Buddha als Kind einmal unter einem Baum saß, während die andern in den Feldern um ihn herum arbeiteten. Da sah er auf der Erde einen Wurm, der einen kleineren Wurm fraß. Dann kam ein größerer Wurm und fraß den ersten Wurm auf. Schließlich erschien eine Schlange und verschluckte den größten Wurm. Buddha, damals sieben Jahre alt, realisierte, daß das Leben Leiden ist, und daß ein Lebenskampf in der Welt existiert. Dies bedrückte ihn so, daß er seines Lebens nicht froh wurde. Diese Darstellung soll man natürlich nicht wörtlich nehmen, sie ist als Sinnbild zu verstehen.

Wir wissen jedenfalls, daß Buddha von dem Tag an, an dem er den Lebenskampf erkannte, ein kleiner Philosoph wurde und sich von der Außenwelt abschloß. Es gibt viele Geschichten zu diesem Thema. In einer davon wird erzählt, daß der Vater versuchte, seinen Sohn glücklich zu machen und ihn Tag und Nacht mit 3000 schönen Frauen umgeben ließ. Doch der Buddha gab dieses Leben auf. Kein Wunder, wenn man von 3000 Schönen umgeben ist!

Gemäß einer anderen Geschichte sah Buddha das Äußere des Schlosses nie, weil er sich immer innerhalb der Mauern aufhielt. Eines Tages forderte ihn sein Vater auf, hinaus zu gehen, um das Schloß von außen zu sehen. Am Tag, als der Buddha durch das Osttor hinaustrat, sah er einen alten Mann am Boden liegen, dessen Haut die Farbe der Erde angenommen hatte. „Was ist das?" fragte der Buddha seinen Begleiter. „Eure Hoheit, das ist der Tod." Der Buddha hatte den Tod bis zu diesem Augenblick nicht gekannt.

Am nächsten Tag trat er durch das Westtor hinaus und sah einen kranken Mann, dessen Gesicht alt und weiß war. „Was ist das?" fragte er. Und so erkannte er Krankheit. Am Südtor sah er einen Bettler und erkannte Armut. Am vierten Tag sah er am Nordtor jemanden mit geschorenem Kopf, der stark und mächtig an der Ecke stand, eine Schale in der Hand hielt und bettelte. „Was ist das?" fragte er. „Eure Hoheit, das ist ein Asket." „Was ist ein Asket?" „Eure Hoheit, das ist Einer, der sein Heim verlassen hat, um nach der Wahrheit zu streben. Ein menschliches Wesen kann nicht aufrecht gehen, doch er geht aufrecht." „Also gibt es Wahrheit in der Welt?" „Ja, Eure Hoheit." An diesem Tag wurde der Same des Asketentums in Buddhas Herz gepflanzt.

Buddha, der somit von Kindheit an das Leiden im Herzen

trug, beschloß, den Menschen einen Meditationsweg zu geben, um sie vom Leiden zu befreien. Doch es stimmt nicht, daß er mit achtzehn Jahren sein Haus verließ und mit zwanzig zur Erleuchtung gelangte. Er verließ sein Heim, als er etwa 30 Jahre alt war und erlangte die vollkommene Erleuchtung mit ca. 36. Einige Geschichten machen ihn jung, um ihn so rein wie möglich erscheinen zu lassen.

Unter dem Bodhibaum kam der Buddha vor seiner endgültigen Erleuchtung zu drei Einsichten, die ihn erkennen ließen, daß das Leben in der Welt Leiden ist. Diese drei Einsichten waren: 1. alles ist veränderlich, 2. alles ist leer, 3. es gibt kein Ich.

Die drei Begriffe Veränderlichkeit, Leerheit und Nicht-Ich umfassen einen sehr großen Teil der buddhistischen Lehre. Ihr müßt sie durch Eure eigene Meditation im Detail kennen lernen.

Ich sagte, daß jedermann, der etwas verursacht, Leiden erwarten muß. Deshalb müssen wir einen Ort finden, wo es weder Ursache noch Wirkung gibt. Doch wie können wir diesen Ort finden, wenn wir im Kreislauf von Ursache und Wirkung leben?

*Duhka-nirodha:* Das Aufheben des Leidens

Der Buddha sagte: „*Nirodha* wird euch zu dem Ort führen, wo es weder Ursache noch Wirkung gibt." *Nirodha* ist Vernichtung oder Aufhebung. Gebt alles, was ihr habt, auf, und ihr werdet Erleuchtung — Nirvana — erlangen. Da es schwierig ist zu verstehen, was der Buddha mit „Vernichtung" meinte, gab es viele falsche Auffassungen dieser Lehre. Als der Buddha starb, dachten seine Jünger z. B., sie könnten ihr Leiden dadurch „vernichten" indem sie sich selber töteten, doch der weise Mahakasyapa erklärte ihnen, daß diese Art Vernichtung nicht der Weg ist. Er forderte die Jünger auf, am Leben zu bleiben, um Buddhas Lehre für immer aufrecht zu halten.

Der Buddha sagte: „Verursache nichts!" Ich habe vorher gesagt, daß in der ersten Ursache Organisation enthalten ist. Um dem Leiden zu entkommen, müssen wir wissen, was die erste Ursache ist. Die erste Ursache ist *avidya. Avidya,* oft übersetzt als Dunkelheit oder Unwissenheit, bedeutet in Wirklichkeit Unbewußtsein, das Unbewußtsein unseres eigenen Bewußtseins. Es ist dasselbe wie unser Zustand im Mutterleib. Doch beachtet, daß es sogar in diesem natürlichen Zustand unbewußte Bewegungen gibt. Auch junge Hunde, deren Augen fest geschlossen sind, saugen an den Zitzen der Mutter. Dadurch, daß man sich bewegt, wacht man zum eigenen Bewußtsein auf. Nur wenn Ihr Euch in der Meditation anstrengt und Euer Gehirn benutzt, wacht Ihr auf, sonst nicht.

Es gibt also 1. unbewußtes Bewußtsein oder latentes Bewußtsein, 2. unbewußte Bewegung und 3. Erwachen im Bewußtsein, d.h. *avidya, samskara, vijnana*. Wenn Ihr jedoch versucht, diesen Prozeß zu erzwingen, wird Euch die Natur sagen: „Kümmere dich um deine eigenen Angelegenheiten!" Denn das latente Bewußtsein ist wie eine kleine empfindliche Pflanze, wenn das Ich weggeht, öffnet es seine Blätter. Der Buddha sagte von denen, die versuchen, erleuchtet zu werden: „Sie sind wie die blinde Wasserschildkröte, die immer im Dunkeln schwimmt, ohne Gelegenheit, den Himmel zu sehen (siehe S. 47).

Der Buddha meditierte über die Kette der Ursachen und ihrer Wirkungen von Anfang bis zum Ende und vom Ende bis zum Anfang. Sein endgültiges Erwachen führte zur Lehre seiner Religion, Buddha-Dharma oder Buddhismus genannt.

Es gibt eine wunderbare buddhistische Dichtung über *nirodha*, Vernichtung. Darin sagt der Buddha seinen Jüngern in Übertreibung, daß am Ende des Universums zehn Sonnen am Himmel erscheinen werden. Eine Feuersbrunst wird durch den Himmel jagen und alles zu Asche machen. Diese Asche wird zu *akasha* oder Äther, und *akasha* wird *sunyata*, absolute Leerheit. Auch die Welt wird zerstört werden. Alle Seelen werden sterben und in *sunyata* zurückkehren. Doch die Leerheit selber stirbt nie. Diese Leerheit bleibt immer bestehen. Sie hat die Allmacht, eine neue Welt, ein neues Universum, zu schaffen.

Die Leerheit ist ein lebendiges Wesen mit aktiver Kraft. Sie hat Willenskraft, und in der Stille des Universums löst sie Bewegung aus. Diese Bewegung entsteht ganz plötzlich, wie kleine Wellen, die sich von der Mitte eines Teiches zum Ufer hin ausbreiten. Nur daß es in diesem Fall keines Steines bedarf, um die Bewegung auszulösen. Sie geht vom Herzen des reinen, leeren Universums aus, welches kein Zentrum hat und allgegenwärtig ist. Und so schafft diese Leerheit gemäß dem Gesetz der Schöpfung oder Kristallisation das Universum einmal mehr, ohne zu vergessen, was im alten Universum geschehen war. Deshalb besteht zwischen dem neuen und dem alten Universum eine Beziehung der Kausalität — Ursache und Wirkung. Das neue Universum ist eine Nachbildung des alten, wobei der Zustand allerdings ein ganz anderer sein könnte, der physische Zustand wie auch der geistige. Der Mensch wird leben, vielleicht jedoch mit anderen Sinneswahrnehmungen. Die Leerheit der Buddhisten ist also keine tote Leerheit. Aus einer toten Leerheit würde nichts wieder entstehen. Gemäß Eurem westlichen Denken hört ein brennendes Räucherstäbchen auf zu existieren. Gemäß der buddhistischen Auffassung ändern die Dinge auf dem Weg vom Erscheinen bis zur Leerheit bloß ihr Gesicht, aber nichts wird zerstört. Das Räucherstäbchen wird zu Rauch und Wärme, dann zu Gas und eines Tages zu Wasser, das Wasser fällt als Regen oder Schnee in die Flüsse, wo es von Fischen geschluckt wird und als Nahrung in unseren Mund kommt.

Die Allmächtigkeit der Leerheit zu verstehen, ist etwas sehr Wichtiges im Buddhismus. Diese Leerheit hat den selben Stellenwert wie Gott im Christentum. Als Leerheit ist sie vollkommen und vollendet. Sie ist grenzenlos, unendlich und enthält die ganze Schöpfungskraft, das vollendete Gesetz der Kristallisation. Doch sie weigert sich nicht, wieder leer zu werden. Sie erschafft, doch sie hängt nicht am Geschaffenen und akzeptiert die Vernichtung. Sie wehrt sich nicht gegen Verdrehungen oder Unvollkommenheit. Sie erscheint als der Mond am Himmel und auch als das Bild des Mondes in den Wellen — so schön, daß ein Affe versuchte, es mit den Händen heraus zu schöpfen und auf den Baumwipfel zu tragen. Der Affenvater sagte: ,,Du hast den Mond nicht erwischt, du hast ihn verloren." Der Affe erwiderte: ,,Ich hatte den Mond solange, wie das Wasser in meinen Händen war."

Wenn das Wasser sich bewegt, bewegt sich der Mond.

Unser Lehrer sagte uns immer: ,,Diese Welt, meine Kinder, ist der Ort, wo der Mond seinen Schatten wirft. Wir müssen versuchen, unsere Gestalt in diesen wechselhaften Umständen zu bewahren und innerhalb dieser Umstände Harmonie zu erzeugen. Wenn ihr dies versteht, werdet ihr in diesem wechselhaften Leben nicht leiden."

Diese Harmonie gründet auf *sunyata*. Als der Buddha über *nirodha* (Aufhebung, Vernichtung) sprach, beschrieb er es mit drei Ausdrücken, die alle sehr wichtig sind. Er sagte: »*Nirvana* ist *nirodha*, *sunyata* ist *nirodha*, *akasha* ist *nirodha*." Um in *nirodha* einzutreten, gibt es drei Wege oder Übungen. Diese beinhalten: 1. Friedfertigkeit oder Gutherzigkeit — wenn man jemanden antrifft, lächelt man und sagt: ,,Wie gehts?", 2. die Anwendung des Guten und Schönen — man hält seine Wohnung und seinen Geist sauber, 3. die transzendentale Haltung in bezug auf das menschliche Leben, wodurch man an nichts gebunden ist.

Es gibt viele Möglichkeiten, um wahre Ungebundenheit oder Loslösung darzustellen. Man kommt z. B. im Herbst an einen Teich, in welchem Ahornblätter schwimmen. Man denkt, das Wasser sei schmutzig und deshalb untrinkbar. Dann, wenn man das Wasser mit den Händen herausschöpft und feststellt, daß es klar ist, sieht man Ungebundenheit. Oder nehmt die Ungebundenheit im Geschäftsleben als Beispiel. In diesem Zusammenhang verwendet man meistens das Bild des Weinprüfers. Dieser probiert den ganzen Tag lang Weine, ohne betrunken zu werden. Oder eine Dame testet den ganzen Tag lang Parfums, ohne ohnmächtig zu werden. Ungebundenheit bedeutet also, von Farben nicht gefärbt, von Tönen nicht weggetragen und von Wasser nicht ertränkt zu werden. Denkt nicht, dies sei eine überhebliche Einstellung! Nein! Ihr dürft dies nicht mißverstehen.

*Marga-nirodha-duhka:* Der Weg zur Aufhebung des Leidens

*Marga* bedeutet Pfad, der Weg des Buddhismus. Es ist falsch, wenn man *marga* nur als ,,Weg zur Aufhebung des Leidens" übersetzt. Es schließt auch die Verbreitung der Religion und die Bemühung um Erlösung und Heilung fremden Leidens mit ein. Die Übersetzung ,,Weg zur Aufhebung des Leidens" ist also nur annehmbar, wenn man sich dabei gewahr ist, daß es sich sowohl auf das eigene Leiden als auch das Leiden anderer bezieht.

*Duhka* bedeutet also Leiden, und *samudaya* heißt Anhäufung oder Organisation, die Organisation des physischen und geistigen Körpers zur Vollziehung seiner alltäglichen Funktionen. Warum wird die physische und geistige Organisation die Ursache des Leidens? Weil es sich um menschliches Leben handelt. Für den Menschen sind Leben und die Funktionen des Lebens zwei verschiedene Dinge. Der Mensch leidet, wenn sein Leben nicht reibungslos abläuft. Er hält seinen Geist für sein Eigentum und denkt, er gehöre ihm allein. Doch Geist ist wie fließendes Wasser. Es ist Euch vorbehalten, aus Eurem Geist einen neuen Kuchen zu formen, doch die Substanz bleibt immer dieselbe.

Durch Aufhebung des Leidens werdet Ihr erleuchtet und erkennt, daß Euer Leiden nur auf Euren geistigen Inhalten, Euren Träumen, Eurer Trance beruht! Hat man sich davon befreit, denkt man z. B. angesichts des Todes: „Nun, mein Tag ist vorüber", faltet die Hände, schließt die Augen und nimmt den Tod mit Glauben und Ehrfurcht an. Einige Personen erleiden keine Todesqual. Physischen Schmerz muß man einfach als eine natürliche Erscheinung akzeptieren. Die geistige Qual ist im Moment des Todes stärker als der physische Schmerz. Trotzdem ist es töricht, gegen den Tod zu kämpfen.

*Marga*, der Weg zur Besiegung des Leidens, umfaßt drei wichtige Elemente und acht verschiedene Pfade, d. h. objektiv gibt es acht Pfade und subjektiv gibt es drei Elemente, die mit diesen acht Pfaden verwoben sind. Die drei Elemente heißen: 1. Aufrichtigkeit, 2. Eintritt in die Erleuchtung oder das Betreten von Buddhas Spur, 3. Das Erkennen des erleuchteten Geistes in jedem Augenblick des täglichen Lebens.

Am Anfang steht die Aufrichtigkeit: es ist wahr, es ist richtig; es ist eine Überzeugung, deren man sich nicht schämt, es ist nicht moralisch und nicht amoralisch, es ist richtig... es ist das Resultat von Erleuchtung. Also kommt man, um in die Wirklichkeit einzutreten, ins tägliche Leben zurück, wo man die Aufrichtigkeit des alltäglichen Geistes finden kann. Es ist schwierig zu verstehen, was diese Aufrichtigkeit ist und wie man sie erlangen kann.

Als nächstes findet man den Eingang, durch den man zur Wirklichkeit des Universums und damit zur Wirklichkeit seiner selbst gelangen kann. Nachher kommt man wieder ins tägliche Leben zurück, um seine Funktionen zu erfüllen.

Richtige Sicht ist der erste der acht edlen Pfade. Um sie zu finden, sucht man gewöhnlich überall nach einem Lehrer. Der Buddha erkannte, daß es nichts nützt, die richtige Sicht bei jemand anderem zu suchen. Er fand sie für sich selber. Er setzte sich auf seinen Sitz aus weichen Kräutern am Ufer des Nairanjanaflusses und beschloß, diesen nicht zu verlassen, bis er die richtige Sicht gefunden hat. Er versuchte, sie aus seiner eigenen Urnatur heraus zu finden, weil diese direkt ist, und weil die Natur ihren eigenen Schatz hat. Er hatte ja sein eigenes Auge, sein eigenes Ohr, seine eigene Empfindung. Er besaß seinen eigenen Mikrokosmos in sich selber. Warum sollte er die richtige Sicht woanders suchen? Also zog er sich in seinen eigenen Geist zurück und erreichte es. Er brauchte sechs Jahre dazu. Es ist wunderbar, daß er es in sechs Jahren schaffte. Heutzutage brauchen Mönche fast das ganze Leben dazu. Es kommt vor, daß der Lehrer sagt: „Nun, dein Verständnis kommt demjenigen des Buddha sehr nahe. Du hast eine gute Vorstellung über die Grundlagen des Buddhismus. Wie alt bist du?" „47jährig." „Wann kamst du in den Tempel?" „Im Alter von 20." „Nun, du hast noch viel Zeit."

Der Buddha war ein Genie. Er kratzte nicht den Erdboden auf oder zerrte die Wolken vom Himmel, um Gott zu finden. Als erstes unterteilte er seinen Geist in reinen Geist und in Geistesinhalte, *klesha*. (*klesha* heißt genaugenommen „Inhalt", doch es ist das, was ich mit Geistesinhalten bezeichne.) Dann vernichtete er die Geistesinhalte.

Reiner Geist ist wie Wasser. In der Meditation schaut man in seinen Geist hinein. Während der ersten Monate findet man ihn gefüllt mit Inhalten, z. B. Geld und den damit verbundenen Problemen — es ist meistens das Geld! Doch wenn man *klesha* wie eine Wolke am Himmel betrachtete, verschwindet es und etwas anderes taucht auf. Der wirkliche Geist verblaßt nicht, aber Geistesinhalte verblassen. Dann erkennt man, daß es eine Geistes-

-Essenz gibt, die nicht *klesha* ist. Dann tritt man in die Wirklichkeit ein.

In dieser Wirklichkeit gibt es nichts zu sehen. Man öffnet die Augen und alle vorgefaßten Meinungen und Vorstellungen sind weg, man schaut in einen klaren Spiegel. Dieser Augenblick wird richtige Sicht genannt. Man verwendet nicht mehr die alten Maßstäbe, man hat richtige Sicht erlangt. Man akzeptiert alles — richtige Sicht. Dann tritt man damit ins tägliche Leben. Gestern hat man diesen weltlichen Stoff gehaßt, heute akzeptiert man ihn.

Aufrichtigkeit, den Pfad des Buddha zu betreten und das Erkennen des erleuchteten Geistes in jedem Augenblick des täglichen Lebens — das ist der einzige Weg zur Verwirklichung des Buddhismus. Es gibt keinen anderen Weg. Als erstes trennt man zwischen Geist und Geistesinhalten. Man braucht keinen Lehrer dazu. Tut es mit Eurem eigenen Geist, durch Eure eigene Anstrengung, aber tut es! *Ihr* stellt die Frage, und *Ihr* müßt sie beantworten. Letztlich seid Ihr selber die Frage und die Antwort. Ihr werdet es beweisen und Eure eigene richtige Sicht finden.

# Die Metapher von der blinden Schildkröte

Alle Seelen sind getäuscht, sie träumen durch die lange lange Nacht hindurch in der Hoffnung, das Licht am östlichen Himmel zu sehen. Die Metapher über die blinde Schildkröte illustriert dieses Warten auf den Morgen, auf das Sonnenlicht der Erleuchtung.

Die blinde Schildkröte hatte ein Auge in der Mitte ihres Bauchpanzers. Als sie während einem Kalpa[1] nach dem andern blind durch den Ozean schwamm, gelangte sie eines Tages zufällig in die Nähe eines treibenden Holzstückes. Da sie während ei-

---

[1] *kalpa:* Sanskritausdruck für eine Zeitperiode von vielen Millionen Jahren. (Anm. d. Übers.)

ner Million Jahre auf eine Gelegenheit zum Ruhen gewartet hatte, kletterte sie auf das Stück Holz. Dieses hatte in der Mitte ein leeres Astloch. Während die Schildkröte auf das Holzstück kletterte, kam das Auge an ihrem Bauch durch Zufall auf das Astloch zu liegen. Das Holzstück überschlug sich, und wie ein Wunder sah die Schildkröte den blauen Himmel und das Sonnenlicht.

Es ist ebenso schwer für uns, die wahre Lehre des Buddha zu hören, wie für die Schildkröte, das Sonnenlicht zu sehen.

Diese freundlichen und weisen Worte sprach der Buddha zu den jungen Novizen, den Mönchen von 15 oder 17 Jahren.

# DAS EINE, DAS ZU BEACHTEN IST
*Wenn Ihr in Euren Handlungen mit der Natur in vollkommenem Kontakt und Einklang seid, "tut" Ihr nichts.*

Eines Tages, als sich der Buddha im Jeta-Garten aufhielt, sprach er zu seinen Jüngern folgende Worte: "Mönche, als Buddhisten müßt ihr Eines immer beachten. Um dieses Eine zu beachten, müßt ihr die fünf Leiden wegräumen. Dadurch, daß ihr, nach dem Wegräumen der fünf Leiden, dauernd auf dieses Eine achtet, werdet ihr die vier Grundlagen[1] erreichen."

Das ist ein sehr kurzes Sutra, nur diese wenigen Worte stehen geschrieben. Was mit dem Einen, den fünf Leiden und den vier Grundlagen gemeint ist, kann man jedoch aus anderen Sutras erfahren.

Wenn Ihr Eure eigenen Anstrengungen zum Erreichen der Befreiung untersucht, entdeckt Ihr gewöhnlich zwei Arten von Schwächen. Eine davon zeigt sich in der Meditation, wenn Ihr die Kontrolle über den Geist verliert. Nehmen wir an, ein Anfänger meditiert und benutzt dazu ein Mantram. Während er dieses andauernd wiederholt, tauchen Dinge auf, die ihn ablenken ... alle möglichen Gedanken streifen durch seinen Geist, so

---

[1] engl. "grounds": Kann auch als "Boden" bezeichnet werden, auf den man zu stehen kommt (Anm. d. Übers.).

wie Wasser aus einem gesprungenen Holzgefäß rinnt. Wir nennen diese Erscheinung „ein Leck haben" oder das „Auslaufen" von Geistesinhalten.

Das geschieht, weil der Geist noch nicht konzentriert ist, noch nicht ganz im Wesentlichen verankert, nicht ganz kristallisiert im absoluten wesentlichen Geist. Durch den Geist sickert Schlamm wie durch ein Sieb, denn man speichert viel Schmutz im Geist. Ihr müßt alle diese unnötigen Geistesinhalte aus dem wesentlichen Teil des Geistes — dem Zentrum des Gewahrseins — austreiben.

Wenn Ihr kein Mantram benutzt, habt Ihr noch weniger Kontrolle, und es besteht die Gefahr, von den Geistesinhalten weggetragen zu werden. Wenn Ihr beharrlich übt, findet Ihr jedoch schließlich den wesentlichen Geist, und von diesem Zentrum wird kein Schlamm mehr auslaufen. Unser Geist ist wie rohes Eisen, im Sanzen[2] wird er ins Feuer gehalten und solange geschlagen, bis man den wahren Stahl entdeckt. Wenn Ihr einer Person in die Augen schaut, könnt Ihr sehen, ob ihr Geist noch rohes Eisen ist, oder ob sie den wesentlichen Geist gefunden hat.

Die zweite Schwäche hat mit unseren Handlungen zu tun, mit dem sog. „Tun". Wenn Ihr in Euren Handlungen mit der Natur in vollkommenem Kontakt und Einklang seid, „tut" Ihr nichts. Wenn ein Bauer im Frühling die Samen sät, wachsen sie, aber der Bauer tut nichts. Wenn Ihr morgens aufsteht und nachts ins Bett geht, tut Ihr nichts, aber wenn Ihr schläfrig seid und starken Kaffee trinkt um wach zu bleiben, tut Ihr etwas. Wenn Ihr Hunger habt, eßt Ihr und tut nichts, aber wenn Ihr eßt, ohne hungrig zu sein, tut Ihr etwas. Ein wirklicher Buddhist vermeidet das „Tun" in diesem Sinne des Wortes. Diejenigen, die andauernd etwas „tun", sind keine wahren Buddhisten. Denn diese Art des Tuns erzeugt immer schlechte Resultate.

Das Eine, das Euch das Sutra zu beachten aufgibt, ist das Hauptprinzip des Buddhismus. Es bedeutet, sich dauernd gewahr zu sein, ob „Auslaufen" oder „Nicht-Auslaufen" und

---

[2] Sanzen ist die Konfrontation des Schülers mit dem Meister anhand eines Koans wie es in der Rinzai-Zen-Schule gepflegt wird.

„Tun" oder „Nicht-Tun" vorhanden sind. Darauf müßt Ihr von morgens bis abends achten. Wenn Ihr z. B. Euren Geist oder Eure Hände benutzt, müßt Ihr Euch fragen: „Ist dies eine lebendige Tätigkeit der Natur, oder bin ich es, der es tut"? Indem Ihr von diesen zwei doppelten Gesichtspunkten aus alle Eure Tätigkeiten sorgfältig beobachtet, werdet Ihr das Tor des Nirvana erreichen. Und vom Tor des Nirvana werdet Ihr zum Verständnis gelangen. Dann werdet Ihr, wenn Ihr in den Himmel schaut, plötzlich die dunkle Kluft der Himmel vor euch offen sehen. Das „Auslaufen" bzw. „Nicht-Auslaufen" des Geistes und die Künstlichkeit bzw. Natürlichkeit der eigenen Handlungen zu beobachten, genügt. Ihr braucht nichts weiteres zu lesen oder zu üben. Das Wesentliche liegt darin, dieses Eine von morgens bis abends zu beachten. Alle Gebote des Buddhismus gründen auf dem Grundsatz des „Tun — Nicht-Tun", und die ganze Meditation gründet auf dem Grundsatz des „Auslaufen — Nicht-Auslaufen". Es gibt keinen anderen Buddhismus.

Um an diesen Punkt zu gelangen, müßt Ihr jedoch zuerst die fünf Leiden[3] aus dem Weg schaffen.

Das erste Leiden betrifft die Einstellung zum Körper, die „Körper-Sicht": alle denken, der Körper existiere getrennt vom Rest der Welt. Aber in Wirklichkeit existiert er nur, weil die vier großen Elemente da sind — Wasser, Erde, Luft und Feuer. Die Luft wird das Fleisch auflösen, und die Knochen werden zu Staub werden. Dieser Körper lebt nicht als etwas Getrenntes, noch bestehen die Aggregate der Geisteselemente als solche. Aber weil man glaubt, der Körper sei eine isolierte Existenz, denkt man fälschlicherweise, daß er einem gehört, und so entsteht die Idee von Besitz.

Das zweite Leiden entsteht aus dem ersten: weil man denkt, der Körper existiere getrennt, glaubt man, er existiere nach dem Tod irgendwie weiter. Man macht sich Vorstellungen von Himmel und Hölle und sieht sich selber dort in menschlicher Gestalt — vielleicht nennt man es das Astralselbst — ausgestattet mit

---

[3] engl. agflictions; im Unterschied zum Leiden im Sinne von *duhka* (S. 38), handelt es sich hier um Leiden im Sinne von Qual als Resultat der Selbsttäuschung (Anm. d. Übers.).

Augen, Ohren, Händen usw. Oder man geht ins andere Extrem und behauptet, daß es nach dem Tod nichts gibt: weder Energie, noch Gedanken, noch Schwingungen, noch Spuren der Taten dieses Lebens — alles sei ausgewischt.

Das dritte Leiden besteht darin zu meinen, es gäbe kein System der Kausalität, weder in diesem Leben noch nach dem Tod, man sieht keine Folgen der eigenen Handlungen.

Diese drei Leiden sind nicht so schlimm, es besteht immer noch Hoffnung, aber das vierte und fünfte Leiden lassen keine Hoffnung.

Das vierte Leiden besteht darin, nie sich selber zu sein, sondern immer gemäß den Gedanken eines anderen zu handeln. Und das Fünfte ist, an einer wörtlichen Interpretation der Gebote festzuhalten. Von den Mönchen des alten Indiens wurde z. B. gefordert, im Freien unter den Bäumen zu leben. Indien ist ein warmes Land, und dort kann dieses Gebot wörtlich befolgt werden. Aber wie könnte man es in Alaska einhalten? Ihr könnt solche Gebote also nicht wörtlich befolgen, es gilt, hinter jedem Gebot das Prinzip zu suchen und entsprechend anzuwenden. Ihr müßt eure eigenen Gebote finden.

Diese fünf Leiden müssen überwunden werden. Dann, wenn sie ausgeschaltet sind und Ihr andauernd auf das Eine achtet, werdet Ihr die vier Grundlagen finden. Die erste Grundlage ist das Begehren, ins *samadhi*[4] zu kommen. Im Buddhismus wird immer gefordert, alle Begehren zu vernichten, aber dieses eine Begehren führt zum *samadhi*. Wenn Ihr abends zu Bett geht, sollt Ihr Euren Geist untersuchen und feststellen, ob er „ein Leck" hat oder nicht. Wenn er rinnt, müßt Ihr Euch fragen, warum, und wie dieses Auslaufen ausgeschaltet werden kann. Diese Frage könnt Ihr nicht mit Logik oder Philosophie beantworten, nur die aktuelle Geistesübung kann Euch zum *samadhi* führen; und es ist das Begehren nach dem *samadhi*, das Euch dazu bringt, diese Anstrengung zu machen. Die erste Grundlage ist also das Begehren nach dem *samadhi*, die zweite ist das *sa-*

---

[4] *samadhi:* Zustand der ursprünglichen Einheit. Im Sinne des Zen: Das reine Wirken des Nicht-Geistes jenseits von Aktivität und Ruhe (Shibayama Roshi).

*madhi*, die dritte ist *dhyana*, Meditation[5], und von *dhyana* kommt man zur vierten, zur „Beobachtung"[6]. Räumt die fünf Leiden weg, achtet auf das Eine und erlangt so die vier Grundlagen! Diese Lehre genügt für unser ganzes Leben.

[5] *dhyana:* hier bedeutet es Meditation in und unter allen Umständen (Anm. d. Übers.).
[6] Das Beobachten und Sich-Gewahrsein aller Vorgänge und Zustände, einschließlich der Zustände von samadhi und dhyana (Anm. d. Übers.).

DIE WELTLICHE WELT *Wenn Ihr erkennt, daß dies nicht Euer eigener Körper ist, daß Ihr diesen Körper nicht besitzt, vergeßt Ihr die Unreinheit und die miteinander verbundenen Vorstellungen von rein und unrein.*

„So habe ich gehört. Als der Buddha sich im Hirsch-Garten aufhielt, sagte er eines Tages zu den Mönchen: ‚In der weltlichen Welt gibt es viele schöne Dinge. Ziehen sie die Menschen durch ihre Schönheit an?' Die Mönche erwiderten: ‚Ja, oh *Lokanatha*[1].' Der Buddha sagte: ‚Es gibt viele schöne Dinge in der weltlichen Welt — viele Arten von Musik, Darbietungen und Lustbarkeiten, die an bestimmten Orten angeboten werden. An diesen Orten sammeln sich die Leute wie die Wolken am Gewitterhimmel. Ein Mensch, der kein Idiot oder Narr ist, genießt das Vergnügen und wendet sich vom Schmerz ab, er hängt am Leben und fürchtet den Tod. Stellt euch vor, jemand würde ihm befehlen, mit einem bis zum Rand gefüllten Ölgefäß durch die Menschenmenge zu gehen, die um diese schönen Dinge versammelt ist, und ihm sagen: ‚Ein Mörder wird dir folgen mit einem blanken Schwert in der Hand. Wenn du einen einzigen Tropfen Öl vergießt, wirst du erschlagen.' ‚Oh Mönche, könnte dieser Mensch all die schönen Dinge und die Menge darum herum be-

[1] *Lokanatha:* „Herr der Welten", so wurde der Buddha von seinen Anhängern angesprochen.

trachten, ohne seinen Geist auf das Öl zu fixieren oder an den Mörder zu denken?' Die Mönche antworteten: ‚Oh *Lokanatha*, er kann es nicht, denn wenn er sich umdreht, sieht er den Mann mit dem nackten Schwert in der Hand und muß befürchten, daß ihm der Kopf abgeschnitten wird. Also fixiert er seinen Geist auf das Ölgefäß und geht langsam durch die Menge und die schönen Dinge der säkularen Welt, ohne sich umzuschauen.' Der Buddha sagte: ‚Ebenso, oh Mönche, richtet sich der Sramane oder Brahmane, welcher seinen Geist in Selbstachtung und rechtem Benehmen fixiert, nicht nach schönen Klängen oder Farben. Wer seinen Geist fixieren und im Zustand von richtiger Achtsamkeit auf den Körper verbleiben kann, ist mein Schüler. Warum konzentriert derjenige, der meiner Lehre folgt, seinen Geist und fixiert ihn in Selbstachtung und rechtem Benehmen, ohne sich nach schönen Klängen und Farben zu richten, und bleibt im Zustand der richtigen Achtsamkeit auf den Körper? Deshalb, oh Mönche, weil man, wenn man diese richtige Achtsamkeit auf den Körper mit richtigem Wissen und richtiger Geisteshaltung praktiziert, alle Begehren und Ängste der weltlichen Welt überwinden kann. Das gilt auch für richtige Achtsamkeit auf das Denken und richtige Achtsamkeit auf das Bewußtsein.'"

Das Sutra geht noch weiter, doch ich habe für diesen Vortrag nur den wichtigsten Teil übersetzt. Ich will es zur Erklärung der vier Arten von Achtsamkeit benutzen.

Die Übung der richtigen Achtsamkeit bildet seit je einen der wichtigsten Teile des buddhistischen Trainings. In der Zen-Schule benutzen die Studenten dazu den Koan. Dadurch eliminieren sie allmählich den Schmutz des Geistes und enthüllen den wahren kristallklaren Geist.

Die zwei wichtigsten Arten von Unreinheiten des menschlichen Geistes sind die weltlichen Emotionen und das weltliche Denken. Die Menschen leben in weltlichen Emotionen oder Begehren. Wenn sie denken, dies sei falsch, produzieren sie gewisse Ideen, um sich von den säkularen Emotionen und Begehren zu befreien. Aus der wahren Sicht des Buddha ist aber auch dieses Denken ein weltliches Geisteserzeugnis. Deshalb sind auch fast alle Religionen aus der Sicht des Buddha säkular und nicht heilig.

Im Zentraining zerstören wir durch das Studium der Koan beides, die weltlichen Ideen und die weltlichen Emotionen und Begehren. Dann entdecken wir den reinen, kristallklaren Geist. Dieser absolut kristallklare Geist ist weder rein noch unrein. Er existiert unabhängig, er wird weder durch weltliche Ideen noch durch weltliche Emotionen beeinträchtigt.

Die Menschen der Welt machen sich Vorstellungen von einem sog. reinen Zustand. Sie glauben, es gebe einen Himmel, der von keinem Gewitter oder Sturm erreicht werden könne, auch nicht vom Gestank der am Ende der Welt verbrennenden Erde. Sie stellen sich vor, im Himmel herrsche ewiger Friede und ewiges Glück. Sie hoffen darauf, nach ihrem Tod dort hinauf zu gehen und in ewigem Frieden zu verweilen, falls sie zu Lebzeiten hier unten die nötigen Verdienste erlangt haben.

Es gibt einige weitere weltliche Vorstellungen, die der menschliche Geist liebt. Dazu gehören die Begriffe von Friede, Glück und Erfolg. Um in den Himmel zu kommen, braucht man Erfolg, doch Friede und Glück sind nur im Himmel zu finden. Wenn man richtig darüber nachdenkt, erkennt man, wie töricht, unlogisch und elend dieses Denken ist.

Weiterhin pflegen die weltlichen Menschen den Glauben an „ewig". Das ist eines der ganz großen Wörter, ein großer Gedanke. „Alles verändert sich, aber es gibt etwas, das sich nie ändert. Das Ewige verändert sich nie. Nach meinem Tod, wenn dieses menschliche Leben beendet ist, gehe ich in ewiges Leben ein." Wer ist derjenige, der dieses ewige Leben lebt? Und dann kommt die Antwort, die alles verdirbt: „*Ich* bin es, das ewige Ich."

Gibt es Atman oder Mensch? Existiere „Ich" als ein Wassertropfen im Ozean oder als Teil des Ozeans selber? Für uns ist das eine große Frage. Da wir nicht wissen, wie es sich verhält, ist „Ich-heit" sehr zweifelhaft. Doch falls „Ich-heit" existiert, unter welchem Namen lebt sie denn? Sie hat keinen Namen. Was ist ihr Charakter? Sie hat keinen Charakter. In dieser Art fragt man weiter.

Um die weltlichen Ideen zu zerstören, praktizieren wir die vier Arten der richtigen Achtsamkeit. Sie heißen: richtige Achtsamkeit auf den Körper *(kaya)*, richtige Achtsamkeit auf die Sinneswahrnehmung *(vedana)*, richtige Achtsamkeit auf das Denken *(citta)*, richtige Achtsamkeit auf das Bewußtsein *(Dharma)*.

Zuerst beobachtet man den eigenen Körper. Er ist ein Konglomerat der vier Elemente, Erde, Wasser, Feuer, Luft. Er zerfällt in Schmutz, Blut und Eiter und hört eines Tages auf zu existieren. Deshalb gilt uns das Leben als unrein und als Leiden. Um sich von der Idee der Unreinheit zu befreien, muß man aufhören, diesen Körper als sein Eigentum zu betrachten. Wenn Ihr erkennt, daß dies nicht Euer eigener Körper ist, daß Ihr diesen Körper nicht besitzt, vergeßt Ihr die Unreinheit und die miteinander verbundenen Vorstellungen von rein und unrein. Dann erreicht Ihr wahrhaftig den Zustand von Nirvana, den Zustand von weder rein noch unrein. Wenn ein Mensch die Dualität vergißt, tritt er sofort in Nirvana ein! Nirvana ist hier, ganz nahe.

Im Zen haben wir einen Koan, der damit zu tun hat: „Wenn das Licht deines Auges in der Todesangst verschwindet, wie kannst du dich von der Pein befreien?" Mit Hilfe dieses Koan erkennt der Schüler, daß dieser Körper nicht ihm gehört. Wenn dieser Körper nicht ihm gehört, ist es dann noch nötig, sich zu befreien?

Als nächstes wendet sich der Meditierende *vedana* zu, der Sinneswahrnehmung. Was ist Sinneswahrnehmung? *Kaya* und *vedana*, Körper und Sinneswahrnehmung, bilden ein Paar. Sie sind wie die zwei Seiten eines Spiegels, der Körper ist die Vorderseite, die Sinneswahrnehmung die Rückseite. Ohne Rückseite kann der Spiegel nicht spiegeln, und ohne Vorderseite gibt es keine Rückseite. Körper und Sinneswahrnehmung zusammen erzeugen eine Existenz.

Die nächsten Stufen sind *citta* und *Dharma*. *Citta* wird auf viele Arten übersetzt, manchmal als Geist, manchmal als Intellekt, manchmal als Denken, manchmal als Bewußtsein. Im Chinesischen heißt es Geistesessenz (japanisch *shin*). *Citta* ist das, was man im Bewußtsein erfährt, was wir im Geist und in unserem eigenen Intellekt erfahren; es beweist seine Existenz durch sich selber. Wenn das Bewußtsein Denken wahrnimmt, ist das *citta*. Diejenigen Dinge, die einfach wie Schwemmaterial im

Wasser unseres Geistes dahinfließen, nennen wir nicht *citta*, sondern *manas*, Geistes-Inhalte (mind stuff). Aber wenn dieses „*manas*", diese Geistes-Inhalte in unserem eigenen Intellekt wahrgenommen werden, dann heißen sie *citta*.

*Dharma* übersetze ich hier, in diesem speziellen Zusammenhang, als Bewußtsein. Aber dieses Bewußtsein ist kein persönliches oder individuelles Bewußtsein, es ist das ursprüngliche Bewußtsein, das allen empfindenden Wesen innewohnt.

*Citta* und *Dharma* bilden auch ein Paar. *Citta* ist die Vorderseite des Spiegels, Bewußtsein die Rückseite. Deshalb übersetze ich *citta* als Denken und *Dharma* als Bewußtsein. Denken ist die Vorderseite und Bewußtsein die Rückseite. Wenn der Meditierende zu *citta* kommt, fragt er sich: „Was ist *citta*?" Dann kommt er zu *Dharma*, Bewußtsein. So geht er durch Meditation vom Zustand eins zu den Zuständen zwei, drei und vier. Als nächstes übt er umgekehrt, vom Bewußtsein zu *citta*, *vedana* und *kaya*. Als nächstes zerstört er alle diese seltsamen Vorstellungen, die durch die Idee der Dualität erzeugt werden, und erkennt Nirvana.

Körper und Geist verschwinden. Er lebt hier, ißt und schläft, aber sein Ego ist von Grund auf zerstört. So übten die Mönche der alten Zeit. Aber das ist noch nicht Buddhismus. Es ist bloß ein Werkzeug, ein Schiff, das einen zum Buddhismus trägt. Es gibt kein „ismus", wenn man dorthin gelangt. Dieses Sutra ist der Pförtner oder Liftboy, aber nicht der Meister. Manche kommen zum Pförtner und denken, er sei der Meister. Aber er ist nicht der Meister. Oder er kommt zum Liftboy und denkt, das sei der Meister. Aber es ist nicht der Meister, es ist der Liftboy, der einen zu dem Meister hinauf bringt. In beiden Fällen wurde das Falsche betont.

**DER URSPRÜNGLICHE GEIST** *Unser Geist ist wie der Himmel, manchmal bewölkt, manchmal leuchtend klar. Und er ist so alt wie der Himmel.*

Was ist der ursprüngliche Geist? Ist der Geist, den wir haben, nicht der ursprüngliche Geist? Wenn nicht, was ist der ursprüngliche Geist?

Es ist die schlechte Angewohnheit des Menschen, alles in Raum und Zeit zu denken: „Ich habe diesen gegenwärtigen Geist, und vor diesem muß irgend ein anderer Geist existiert haben..." So denken wir in Zeit.

Es wäre lächerlich zu sagen: „Der Himmel über mir ist der gegenwärtige Himmel, doch vorher muß es einen ursprünglichen Himmel gegeben haben." Natürlich ist dieser Himmel über uns ein alter Himmel, aber es ist auch ein neuer Himmel.

Wir wissen, daß wir Geist haben, diesen gegenwärtigen Geist. Aber unsere Väter, unsere Vorfahren, Adam und Eva, alle hatten diesen Geist. Es ist ein alter Geist, trotzdem ist es auch neuer Geist. Zur gegenwärtigen Zeit habe ich ihn.

Außer in Zeit und Raum denken wir in Begriffen des Wertes: „Der alte Geist war sehr wertvoll, doch mein neuer Geist ist wertlos, degeneriert und verdorben. Ich würde keinen Pfennig dafür bezahlen." So geben wir den Dingen einen Wert. Ist eine Sache alt, bewerten wie sie sehr hoch, ist sie hingegen neu, würden wir kaum einen Pfennig dafür ausgeben. Vor einer Million Jahren bezahlte kein Mensch etwas für den Himmel, auch heute nicht. So lange schon leben wir unter diesem Himmel, aber er ist wertlos, wir können ihm keinen Geldwert geben.

Unser Geist ist wie der Himmel, manchmal bewölkt, manchmal leuchtend klar. Und er ist so alt wie der Himmel. Der sechste Patriarch nannte ihn den ursprünglichen Geist.

Wenn Ihr über den ursprünglichen Geist meditiert, werdet ihr Ihn finden. Doch zuerst, wenn Ihr in der Meditation noch nicht geübt seid, findet Ihr eine höllische Geschäftigkeit im Geist vor.

Es ist wie am Batteryplatz[1], wenn die Reisenden vom Bear Mountain-Schiff zurückkommen. Wir erfahren dies immer wieder. In der Meditation wiederholen sich die Erinnerungen viele Male. Aber nachdem Ihr ein, zwei oder vielleicht drei Monate lang meditiert habt, wird der Geist still wie ein tiefer Ozean, ruhig und transparent, nicht einmal ein huschendes Mäuschen läßt sich darin finden.

In tiefer Meditation verschwindet die Außenwelt aus unserer Sicht, und der Geist existiert allein im endlosen Raum; es ist der Geist, der in alle Richtungen dringt. Es ist alter Geist, zeitloser Geist. In tiefer Meditation erkennt man ihn.

[1] Batteryplatz ist der Landeplatz der Schiffe, die vom Bear Mountain zurückkommen, und ist daher sehr belebt. Bear Mountain ist ein Ausflugsort in der Nähe von New York, der nur mit dem Schiff erreichbar ist.

# DER FORMLOSE GEIST
*Geist ist fließend, er hält sich nicht an einem Ort auf. Er ist im wahren Sinn „formlos", d. h. ohne Inhalt und ohne Gegenstand.*

„Eines Tages, als der Buddha sich im ruhigen Meditationshain von Saketa aufhielt, stellten ihm einige Nonnen eine Frage: „Oh, *Lokanatha,* wir bitten dich, uns zu erläutern, welche Früchte und welches Verdienst es gibt, wenn man im *samadhi* des formlosen Geistes meditiert, und in der Freiheit, die weder ‚Auftauchen' noch ‚Eintauchen' ist, und in der Freiheit, in der man ganz in dem lebt, worin man lebt?" Der Buddha antwortete: „Oh, Nonnen, wenn ihr im *samadhi* des formlosen Geistes meditiert, in der Freiheit, die weder ‚Auftauchen' noch ‚Eintauchen' ist, und in der Freiheit, in der man ganz in dem lebt, worin man lebt, wachsen die Früchte und das Verdienst der Weisheit."

Das Verweilen im formlosen Geist ist die übliche Haltung eines Buddhisten. Der Buddhist hegt keine Form, keine Gedanken im Geist, wenn er nicht muß. Der ungeübte Geist ist wie ein Wecker — tick-tack — von morgens bis abends wird er dauernd von Gedanken durchzogen. Der gewöhnliche Mensch ist mit seinen Gedanken so beschäftigt, daß er kaum Zeit hat, etwas zu sehen. Er weiß nicht, ob der Tag hell oder regnerisch ist. Er geht z. B. durch einen Park nach Hause, aber sein Geist ist so beschäftigt, daß er nicht einmal bemerkt, daß es Vollmond ist. Er sieht den schönen Mond gar nicht. Er jagt Gedanken nach, und Gedanken jagen ihm nach. Das ist nicht die Haltung eines Buddhisten. Der Buddhist weiß, daß der Geist ebenso wie der Körper Ruhe braucht. Nachdem wir unseren Körper von morgens bis abends gebraucht haben, gönnen wir ihm Ruhe. Der Geist braucht ebenfalls Ruhe, deshalb pflegen wir die Gewohnheit, den Geist auszuruhen.

Unser Geist ist voller Gedanken, die eine bestimmte Form haben. Form und Gedanke sind dasselbe, es sind geformte Gedanken, Gedanken über Liebe, Ruhm, Geld, Philosophie oder Wortgefechte mit Freunden. Wir haben die schlechte Gewohnheit, diesen unerleuchteten Geist beizubehalten und uns nicht davon zu befreien oder zu entlassen. Außerdem sind wir daran gewöhnt, immer mit dem rationalen Verstand zu denken. Natürlich sind dann die Schlußfolgerungen falsch. Schließlich ist der rationale Verstand nur rationaler Verstand und nicht Wirklichkeit. Formloser Geist bedeutet Geist ohne Gedanken. Alle Gedanken sind vernichtet; *samadhi* ist Konzentration.

Die Frage, die die Nonnen dem Buddha stellten, wird auch oft an mich gerichtet. Viele von Euch fragen mich: „Was ist der Vorteil der Meditation im *samadhi* des formloseren Geistes?" Ihr fragt, was es nützt, ohne Gedanken im Gehirn zu ruhen. Kehrt man dadurch nicht einfach zur Dummheit zurück, zur Primitivität? Was nützt es, zurückzukehren zum ursprünglichen Geist, dem formlosen Geist?

Jedermann stellt diese Frage. Diejenigen, die eine materialistische Ansicht über den ursprünglichen Geisteszustand haben, stellen sich diesen als tot vor, als leer, wie ein Blatt Papier oder ein Stein. Sie denken, der Geist gehe, wenn er nicht im Zustand der Aktivität ist, in den empfindungslosen Zustand zurück. Die buddhistische Ansicht ist anders. Wir glauben, daß der Geist zur ursprünglichen dynamischen Kraft zurückkehrt. Es ist wie die

Beziehung zwischen den Wellen und dem Ozean. Die tägliche aktive Arbeit des Geistes entspricht den Wellen. Wenn wir im *samadhi* des formlosen Geistes ruhen, ist der Geist wie der bodenlose Ozean. Das ganze Potential liegt darin. Das ist der Zustand der Allmacht. Das hat religiöse und auch psychologische Bedeutung. Wenn Ihr es bezweifelt, versucht es!

Aber dieser formlose Geist ist schwierig zu erlangen. Ihr denkt vielleicht, wenn Ihr Eure Augen schließt, hättet Ihr ihn erlangt, aber dann stellt Ihr fest, daß ihr Euch nur mitten in Euren Gedanken befindet und ganz und gar nicht im wirklichen Zustand des formlosen Geistes. Um diesen Zustand zu erlangen, braucht Ihr Übung und müßt Euch lange Zeit mit dem entsprechenden Gedankengut beschäftigen, um keine Fehler zu machen. Viele Leute denken, sie seien in der Leerheit, wenn sie bloß das *Wort* „Leerheit" denken. Es ist schwierig, diesen formlosen Geist zu erlangen. Wenn Ihr nicht unter der Aufsicht eines wirklich echten Lehrers studiert, läuft Ihr Gefahr, in die Pseudo-Leerheit zu fallen.

Formloser Geist bedeutet, nicht in starrer Geisteshaltung zu verweilen. Geist ist fließend, er hält sich nicht an einem Ort auf. Er ist im wahren Sinn „formlos", d.h. ohne Inhalt und ohne Gegenstand. Geist vergeht wie eine Luftspiegelung, wie Bilder vor einem Spiegel. Wenn Ihr wißt, daß etwas vergänglich (ephemeral) ist, haltet Ihr nicht daran fest wie an etwas Kostbarem. Wenn Ihr es nicht festhaltet, steht Ihr auf dem Boden des formlosen Geistes.

Dilettanten des Buddhismus glauben, wenn sie sich die Augen, Ohren und den Mund zuhalten, wie die drei geschnitzten Affen, seien sie im formlosen Geist. Diese Ansicht ist falsch, das ist toter Buddhismus und nicht wahrer Buddhismus; es verdirbt das Land, die Leute und die Seele der Leute.

Nun denkt über die Worte „Auftauchen" und „Eintauchen" nach. Auftauchen von was? Eintauchen in was? Was ist der buddhistische Sinn dieser zwei Ausdrücke?

Um dies zu zeigen, stellen wir uns unseren Geist als einen Baum vor. Dieser hat Wurzeln, einen Stamm, Äste, Zweige und Blätter. Er befindet sich in einer Form der Kristallisation. Auch das Universum ist eine durch Formbildung entstandene Kristallisation. Alles in der Natur tritt als Kristallisationsform auf. Ein Baum nimmt viele Formen an, je nach Sonneneinstrahlung, Wetter, Windrichtung und Art der Bäume um ihn herum. Aber seiner wahren Natur entspricht es, seine eigene Kristallisation zu zeigen.

Der menschliche Geist ist wie ein Baum. Im Buddhismus zählt man fünf Schichten des menschlichen Geistes. Der Boden oder die Wurzel heißt in Sanskrit *vijnana*. *Vijnana* wird in drei Teile unterteilt, von oben nach unten heißen sie: *amala-vijnana*, *adana-vijnana* und *alaya-vijnana*. Letzteres ist immerwährendes Bewußtsein, das Bewußtsein des Bewußtseins, auch Mutter-Bewußtsein genannt. Es ist wurzellos. Das bedeutet, daß wir die Tiefe dieses Bewußtseins in der Meditation nicht bis ins Letzte erfahren können, es ist unergründlich.

*Samskara*, die unbewußte oder halbbewußte Aktivität des Geistes, ist wie der Stamm des Baumes. Dieses Bewußtsein reflektiert nicht nur das, was von der Außenseite durch unsere fünf Sinne hereinkommt, sondern auch die Gedanken innerhalb des Geistes. Im System der fünf *skandhas* wird letzteres Bewußtsein *samjna* genannt (s. S. 66).

Kurz vor der Verzweigungsstelle des Stammes des Bewußtseins befindet sich *vedana*, die Sinneswahrnehmung. Hier sind aber die fünf Äste noch nicht unterteilt.

Die fünf Äste stellen die fünf Sinneswahrnehmungen mit den fünf entsprechenden Organen dar. Dieses Bewußtsein reagiert auf das Äußere und bewirkt viele Empfindungen im *vedana*. Wenn wir zum Beispiel auf eine schnelle Schwingung des Äthers treffen, nimmt das Auge blaues Licht wahr. Wenn wir auf eine langsame Schwingung treffen, nimmt unser *vedana* Rot wahr.

Auf diese Weise schafft unser Bewußtsein die Phänomene. Das ist „Auftauchen". Man denkt sich dieses „Auftauchen" als Bewegung vom Boden des Bewußtseins zur Außenwelt hin. „Eintauchen" geht vom äußeren Bewußtsein zum tiefen Bewußtsein, vom materiellen Bewußtsein zum *alaya*-Bewußtsein.

Wenn wir Bewußtsein erklären wollen, müssen wir ähnliche abstrakte Darstellungen benützen, wie man sie in der Musik zur

Erklärung der Töne benützt: do, re, mi, fa, so, la, ti. Natürlich kann man Musik durch abstrakte Analyse nicht spielen. Im Buddhismus ist es dasselbe. Man erklärt etwas durch bestimmte Ausdrücke, wie z. B. die fünf aufeinanderfolgenden Stufen des Bewußtseins, die fünf *skandhas* usw. Aber in der Meditation befreit man sich von der Tonleiter, und das Bewußtsein wird das eigene Bewußtsein. So erreicht Ihr Freiheit von „Auftauchen" und „Eintauchen". Bis dies geschieht, ist das Bewußtsein bloß „eingepackt" in die Ausdrücke, die als Buddhismus bekannt sind. Ihr müßt alle diese Ausdrücke des Buddhismus zerstören. Kommt zurück zu Eurem Selbst und meditiert darüber!

Wenn es bloß darum geht, zum gewöhnlichen Geist zurückzukehren, warum müssen wir dann studieren? Warum müssen wir während vielen Jahren Meditation üben? Was ist das Verdienst, was ist die Frucht davon? Das war die Frage der Nonnen. Auch ich stellte diese Frage, als ich Meditation übte, viele Stunden kämpfend in Furcht und Pein. Dann, eines Tages, entschied ich: „Es ist mir gleichgültig, wenn ich aus der Meditation nicht zurückkomme. Ich bleibe einfach hier sitzen und meditiere." Als ich zurückkam, fand ich mich natürlich an genau demselben Ort wieder, in dieser Welt, in der wir jetzt leben. Wir brauchen nicht mehr als das!

Buddhismus lehrt, daß man ganz dort leben soll, wo man lebt. Ihr müßt ganz dort leben, wo Ihr seid. Ich studierte Buddhismus, bis ich 47 Jahre alt war. Ich kam ins Kloster als ich 21jährig war. Jetzt bin ich 58. Nichts hat sich verändert. Die Erde ist nicht zum Himmel hinauf gestiegen, und der Himmel ist nicht zur Erde herunter gekommen. Ich habe nicht den Zustand eines Halbgottes erreicht. Ich bin immer noch ein Mensch. Also, was ist der Vorteil vom Buddhismus? Buddhismus ist wie Zahnweh; wenn der Schmerz weg ist, ist nichts verändert. Warum habe ich dann aber so viel Geld beim Zahnarzt ausgegeben?

Der Buddha antwortete: „Oh, Nonnen, wenn ihr im *samadhi* des formlosen Geistes meditiert, in der Freiheit, die weder ‚Auftauchen' noch ‚Eintauchen' ist und in der Freiheit, in der man ganz in dem lebt, worin man lebt, wachsen die Früchte und das Verdienst der Weisheit."

Durch viele Übungen hin und her, vor- und rückwärts, durch alle Skalen des Bewußtseins, erreichen wir Weisheit. Das ist die Frucht der Praxis des Buddhismus. Unser menschliches Bewußtsein hat sich aus dem Bewußtsein anderer Arten von empfindenden Wesen entwickelt. Diese leben schon viele Millionen Jahre in der Welt, aber sie haben keine Weisheit erreicht. Was ist es, das die Menschen von den Tieren unterscheidet? Es ist die Weisheit, das Sich-seiner-selbst-Gewahrsein. Dieses Gewahrsein ist der Stützpunkt des Buddhismus, um den sich alles dreht. Wir leben nicht im Unbewußtsein, wir leben bewußt. Wir befinden uns nicht blind in der Gewalt der Natur, wir erkennen die Natur in uns und wenden sie bewußt an. Weisheit ist Natur. Natur ist Weisheit. Diese Weisheit ist der Drehpunkt des Buddhismus. Alles, was wir tun, tun wir damit. Es gibt keine andere Weisheit im menschlichen Leben. Weisheit ist der Stützpunkt des menschlichen Lebens.

## DIE FÜNF SKANDHAS

*Es gibt keinen Weg, um in die Wirklichkeit einzutreten, außer dem Weg der Intuition. Die Intuition ist der einzige Zugang, die einzige Hoffnung; durch sie kann man die Wirklichkeit direkt erreichen.*

Der Buddha teilte alle innerhalb und außerhalb des menschlichen Bewußtseins existierenden *dharmas*[1] in fünf Gruppen ein, genau so, wie ein Bauer seine verschiedenen Gemüse in fünf Körbe sortieren würde: Erbsen in den ersten Korb, Rüben in den zweiten, Sellerie in den dritten, Kartoffeln in den vierten und Zwiebeln in den fünften. Es gibt allerdings auch Systeme des Buddhismus, die eine feine Unterteilung machen; im *Abhidharmakosha* z.B. werden die *dharmas* in 75 verschiedene Gruppen eingeteilt.

---

[1] *dharmas:* (plural von „dharma"): sämtliche Existenzformen der Erscheinungswelt (im Gegensatz zu Dharma s. S. 121).

Buddhas fünf Gruppen aller existierenden *dharmas* werden die fünf *skandhas* genannt. Sie bilden die Grundlage für eine der wichtigsten Lehren des Buddhismus.

Der Ausdruck die *„fünf skandhas"* erscheint sozusagen auf den ersten Seiten der Agamas, den ältesten Schriften des Buddhismus. Die chinesische Übersetzung aus dem Sanskrit besteht aus zwei Schriftzeichen, von denen das erste „fünf" bedeutet und das zweite „angehäuft" oder „aufgebaut". Noch früher wurde für das Letztere eine Zeichen benutzt, das mit „Schatten" übersetzt werden kann.

Die fünf *skandhas* oder Schatten des Bewußtseins sind die Ursache für die grundlegende Täuschung der empfindenden Wesen. Wenn man sie zerstört, tritt man ins Nirvana ein. Aus diesem Grund ist die Lehre der fünf *skandhas* das Rückgrat des Buddhismus.

Die fünf *skandhas* gehören in den Bereich von *samskrita*, dem Gegenteil von *asamskrita*. Bevor ich auf die fünf *skandhas* eingehe, muß ich erklären, was *samskrita* bzw. *asamskrita* ist.

*Asamskrita* ist etwas, das unabhängig von etwas anderem besteht. Es ist wie Elektrizität. Niemand weiß, was es an und für sich ist. Wenn sich Elektrizität mit etwas anderem verbindet wie Kohle, Eisen oder Kupferdraht, verbrennt sie dieses und erzeugt Licht. Den Zustand, in dem die menschliche Seele in ihrem Originalzustand ist, nennt man *asamskrita;* der Zustand, in dem sie sich mit etwas verbindet und sich wie Elektrizität anders verhält, heißt *samskrita*. Die spontane erste Bewegung des menschlichen Geistes ist im Zustand von *asamskrita*. Daraus ergeben sich alle aktiven Phänomene. Die Resultate dieser Aktivitäten werden vom menschlichen Geist in das Bewußtsein zurück gebracht, so wie eine Frucht ihre Samen zu Boden fallen läßt. Wenn ein Schinken geräuchert wird und das Aroma des Rauches in sich behält, bezeichnet man ihn als „geräucherten Schinken". Analog dazu wird der menschliche Geist von den äußeren Geschehnissen „aromatisiert". Dann ist er im Zustand von *samskrita* und erhält das Attribut *vasana*. Das heißt durchspült oder überspült.

Der Zustand von *asamskrita* ist rein wie klares Wasser. *Samskrita* ist unrein analog zu Wasser, das mit Staub und Schmutz verunreinigt ist. *Samskrita* ist eine sog. Aggregation oder Anhäufung.

Der menschliche Geist ist andauernd im Zustand von *samskrita*, chinesisch „ui". *Asamskrita* ist „mui". Das chinesische „ui" bedeutet „etwas tun", „mui" bedeutet „nichts tun". Im Zustand des Nichtstun brennt der menschliche Geist wie Feuer. Doch wenn der menschliche Geist etwas „tut", ist es dasselbe, wie wenn das Feuer Rauch entwickelt. Wir müssen dieses „unreine Tun" vom „reinen Nichtstun" unterscheiden. In der Meditation verhindern wir durch die Tätigkeit des reinen Geistes das Feuer am Rauchen, dadurch, daß wir das Bewußtsein analysieren und alle schwelenden Dinge daraus vertreiben. So wie man in einem mit Rauch gefüllten Zimmer die Fenster öffnet und den Ventilator anstellt, um den Rauch zu vertreiben, so muß man in der inhaltslosen Meditation alle Leiden und Fragen aus dem Geist vertreiben und diesen vollkommen rein halten. Mit diesem klaren Geist werdet Ihr den Ursprung des Geistes finden.

*Skandha* bedeutet auch „Nacken". Die fünf *skandhas* sind übereinander aufgetürmt so wie der Nacken auf den Schultern sitzt. Sie sind die übereinander liegenden Anhäufungen der existierenden *dharmas*. Wir können dies verstehen, wenn wir uns den Raum unseres Bewußtseins wie eine Kugel vorstellen, die das ganze Universum einschließt. In dieser Kugel liegen die Schatten wie Hüllen übereinander. Ihre Anordnung beginnt außen mit dem gröbsten Schatten und geht bis zum feinsten, der sich im Nichts verliert. Sie heißen in dieser Reihenfolge: *rupa-skandha, vedana-skandha, samjna-skandha, samskara-skandha* und *vijnana-skandha*. Im Vergleich zum Spektrum des Lichtes, wäre in der Mitte das weiße Licht. Dieses entwickelt sich nach außen zu zu blau, das Blau wird grün, grün wird rot, und rot wird violett.

Der erste Schatten an der Oberfläche der Kugel *(rupa-skanda)* ist unser physischer, materieller Körper, den wir mit den Augen sehen — unser eigener Körper — sowie die Dinge um uns herum: Möbel, Raum, Flüsse, Berge, Meere usw. Ihr müßt die Dinge um Euch herum genau so als Euren eigenen Körper betrachten, wie der fleischliche Körper. Und wenn Ihr zum Himmel emporschaut, müßt Ihr Euch vorstellen, daß auch das Euer Körper ist. Denn als Ganzes gesehen, besteht unser Bewußtsein nicht nur aus unserem physischen Körper, sondern schließt alles ein. Vom buddhistischen Standpunkt aus, gehört die ganze Außenwelt mit sämtlichen Dingen zum Bewußtsein. Demgemäß gibt es keine Materie, alles ist Bewußtsein.

Der nächste Schatten ist die Sinneswahrnehmung *(vedana-skandha)*. Dieses Bewußtsein sieht, hört, riecht, schmeckt und empfindet Berührung. Es empfindet kalt, warm und heiß. Im Farbenspektrum wäre es das rote Licht.

Die dritte Sphäre *(samjna-skandha)* ist von ganz anderer Natur. Sie besteht aus Gedanken. Wenn Ihr die Augen schließt, seht Ihr viele Gedanken aus der Tiefe Eures Geistes auftauchen und wieder verschwinden. Wenn ein Gedanke geht, kommt ein anderer. Oder sie sind wie ein Traum, sie tauchen im Geist auf und der Sinn des Sehens verbindet sich damit und trägt sie in seinen Bereich, wo sie vom Bewußtsein wahrgenommen werden. Oft ist man selber im Traum, und das eigene Bewußtsein sieht es. Die Beziehung zwischen der Person im Traum und ihrem Bewußtsein, welches wahrnimmt, ist sehr seltsam. Denkt Ihr, daß Ihr Euch selber im Traum seht, oder ist es jemand anders, der Euch sieht? Ihr seht Euer Gesicht, Euren Körper, Euch selber, aber wer ist es, der Euch sieht? Das, was Euch sieht, wird Bewußtsein genannt, Ihr seid es nicht selber. Wessen Bewußtsein es ist, steht nicht zur Diskussion. Darüber brauchen wir nicht zu reden. Es ist auch nicht nötig, es einer bestimmten Farbe zuzuordnen, doch im Zusammenhang mit den fünf *skandhas* und dem Farbenspektrum nenne ich es vorübergehend grün.

An der Innenseite dieser Sphäre schließt sich ein anderer Bewußtseinszustand an. Er unterscheidet sich von den Gedanken und Träumen nur dadurch, daß alles darin viel feiner und kurzlebiger ist. Es ist so wie ein Tautropfen, der kurz aufleuchtet und verschwindet. Oder es ist wie ein Blitz am Himmel. Es zuckt während eines Augenblickes durch den Geist, um sich sogleich wieder aufzulösen. Der Geist kann es kaum ergreifen. Es ist wie Samen — Samen von Gedanken, Gefühlen, Begehren oder Vorstellungen. In der Frühzeit des Buddhismus zählte jemand alle

Sorten dieser Samen sorgfältig zusammen — er fand 75 verschiedene Gruppen. In der Meditation geschieht es immer wieder, daß man plötzlich eine bestimmte Empfindung hat, die man nicht in Worte fassen kann. Was ist es? Wie kann ich darüber sprechen? Es gelingt einem nicht, irgend ein Wort zu finden, das es in Beziehung mit etwas anderem zu stellen vermag. Doch plötzlich kommt einem... ,,Halt! ... da war Eis in der Luft. Wenn ein Flieger dort hindurch flöge, würde er erfrieren, also täte er besser daran, um diese Eisluft herum zu fliegen. — So etwas ähnliches war es, doch ich kann es nicht genau erklären." Wenn ein Dichter versucht, so ein plötzlich auftauchendes Gefühl — rund, klein, nicht leuchtend aber weiß — in Worte zu fassen, sagt er vielleicht plötzlich ,,Kieselstrand". Ebenso versuchen wir, unser Gefühl in Worte zu kleiden, doch es gelingt nicht wirklich. Es kann auch vorkommen, daß man sich sehr seltsam fühlt, etwas beunruhigt einen, doch man findet nicht heraus, was es ist. Dann braucht vielleicht nur jemand plötzlich auf einen zuzukommen und schon brüllt man los — der Samen kommt an die Oberfläche, und man erkennt den Grund des Mißbehagens.

Vielleicht kann man für diese Schicht Euren Ausdruck ,,das Unterbewußte" benutzen. Die Buddhisten bezeichnen sie mit dem Sanskritausdruck *samskara*. *Samskara* wird manchmal als ,,Konfekt" übersetzt. Das bezieht sich aber nicht auf das Gebäck, sondern auf das Zusammenkommen bzw. die Mischung von vielen Samen.

Man fühlt *samskara* nicht nur in sich selber, sondern auch außen. Dort kann man ihm sehr nahe kommen. Die unaussprechliche Qualität von *samskara* ist in der Natur immer vorhanden und kommt stark zum Ausdruck. Beim Betrachten einer Trauerweide fühlt man ein bestimmtes Element, das einen traurig macht. Die Trauerweide spricht in ihrer eigenen Sprache. Auch die Föhre spricht ihre eigene Sprache. Ein Poet müßte 10 oder 15 Zeilen schreiben, um über die Föhre zu sprechen, aber die Föhre spricht ohne ein Wort. In dieser Weise fühlt man das Vorhandensein eines bestimmten *samskaras*, es ist als spräche es zu unserem eigenen *samskara*, unserem eigenen Gefühl.

Die fünfte Sphäre ist wie das Kerngehäuse eines Apfels. Sie ist die Mitte des Ganzen und ist das Bewußtsein an und für sich. (*Vijnana* heißt Bewußtsein.) Die entsprechende Farbe ist weiß.

Nun werde ich die fünf Hüllen oder Schatten von innen her beschreiben. Der erste ist Bewußtsein, *vijnana*, der zweite *samskara*, und der dritte *samjna*. Diese drei bilden eine Einheit, analog zu Eigelb, Eiweiß und Eischale. Der vierte Schatten ist die Sinneswahrnehmung, *vedana*. Das Sanskritwort *vedana* bedeutet „wissen", „wahrnehmen", „verstehen". Der äußerste Schatten ist die physische Existenz, *rupa*. *Rupa* und *vedana* bilden auch eine Gruppe: die materielle Außenwelt und die Sinneswahrnehmung, welche diese Außenwelt aufnimmt.

Die innere Welt könnte als eine Familie aus *samjna*, *samskara* und *vijnana* betrachtet werden. *Samjna* ist ein grober Junge, *samskara* ist ein zartes Mädchen, und *vijnana* ist die Mutter.

Indem Ihr über diese verschiedenen Schatten meditiert, gelangt Ihr schließlich zum Mutterbewußtsein, *vijnana*, dem Bewußtsein an und für sich. Ihr werdet herausfinden, daß da niemand war, der über Bewußtsein meditierte, sondern daß es Bewußtsein selber war, das über seinen eigenen Geist meditierte. Ihr fragt: „Ist es nötig, daß ich über meinen eigenen Geist meditiere?" Die Antwort lautet „nein". „Worüber meditieren Sie dann?" „Über nichts."

So werdet Ihr dieses Bewußtsein, das Ihr nicht selber seid, finden. Es ist das Bewußtsein, das Ihr von Eurem selbsttäuschenden Standpunkt aus als Euer Ich bezeichnet.

Wenn Ihr dies versteht, fängt Ihr an, die Welt vom buddhistischen Standpunkt aus zu beobachten. Ihr werdet herausfinden, daß die fünf Schatten nichts anderes sind, als die Schatten Eures eigenen Bewußtseins. Von da aus könnt Ihr das sog. buddhistische Bewußtsein bilden. Wenn ich darüber sprechen will, wie der Buddhist auf die Außenwelt schaut, wie er nach innen schaut und wie er in seinem eigenen Bewußtsein weilt, komme ich nicht darum herum, immer wieder dasselbe zu wiederholen: Wenn wir auf die Außenwelt schauen, meditieren wir über diese Außenwelt. Der Baum ist grün, die Blume ist rot, der Himmel ist blau.

Die wirkliche Außenwelt zu sehen, das ist die erste Übung der

Buddhisten. Wir gehen unseren Vorstellungen und Vorurteilen aus dem Weg, indem wir versuchen, das Äußere nicht mit dem Geist, sondern mit den Augen anzuschauen. Doch man muß verstehen, was *rupa* ist. Wenn man nicht weiß, was die physische Welt bzw. die materielle Erscheinung ist, kann man sich nicht von den Begierden befreien. Begehren ist die schmerzhafteste Plage, weil sie nicht befriedigt werden kann. Aber wenn man *rupa* versteht, wird man Begehren aufgeben. Das ist die Lehre des Buddha.

Wenn Buddha sagt: „Ihr müßt verstehen, was *rupa*, die phänomenale Erscheinung, ist", sprach er eigentlich über die Wirklichkeit, über *DIES* (tatha, s. S. 109). Wir wissen, daß etwas wirklich existiert — es ist die Wesenheit, oder behelfsmäßig die Wirklichkeit genannt. Die Wirklichkeit kann nicht mit Worten beschrieben werden. Sie ist einfach „Eins". Wenn Ihr versuchen wollt, in die Wirklichkeit einzutreten, müßt Ihr Euer Gehirn packen und wegwerfen, ebenso den physischen Körper. Es gibt keinen Weg, um in die Wirklichkeit einzutreten, außer dem Weg der Intuition. Die Intuition ist der einzige Zugang, die einzige Hoffnung; durch sie kann man die Wirklichkeit direkt erreichen. Die Wirklichkeit ist kein Traum, kein weitentferntes Land, kein Himmel. Die Wirklichkeit ist hier und überall. *DIES* ist die Wirklichkeit.

Wenn Ihr die Wirklichkeit durch *rupa* versteht, müßt Ihr tiefer eindringen und sie durch Eure Wahrnehmungen verstehen, dann durch Eure Gedanken usw., bis Ihr Nirvana betretet. Durch Nirvana kommt Ihr in die Wirklichkeit. Das ist Buddhismus. In all seinen Lehrreden sprach der Buddha über nichts anderes, als über die Wirklichkeit.

Die Wirklichkeit oder Wahrheit ist überall, in der Gosse, an den Straßenecken, überall. Doch Ihr müßt sie durch Eure eigene Erfahrung sehen. „Nimm einen Klumpen Lehm und mach Gold daraus!" — das ist ein Ausspruch Buddhas. Ihr müßt Wahrheit aus dem Rinnstein und den Straßenecken nehmen und sie durch Eure eigene Weisheit erfahren. Auf diese Weise werdet Ihr zum Verständnis gelangen.

In China gab es einen Fischer, der vierzig Jahre lang mit einem geraden Haken fischte. Wenn er gefragt wurde, warum er nicht einen krummen Haken verwende, antwortete er: „Mit einem krummen Haken kann man gewöhnliche Fische fangen, doch ich will einen großen Fisch fangen." Dies kam dem Kaiser zu Ohr, und er ging, um den närrischen Fischer selber zu sehen. Der Kaiser fragte den Fischer: „Was willst du fischen?" Der Fischer antwortet: „Ich habe nach Euch gefischt, mein Kaiser."

Wenn Ihr keine Erfahrung habt im Fischen mit einem geraden Haken, könnt Ihr diese Geschichte nicht verstehen. Doch es ist einfach: ich verschränke meine Arme und fische wie jener Fischer nach Euch guten Fischen. Ich schreibe keine Rundbriefe, gebe keine Inserate auf und bitte niemanden zu kommen. Ich bitte niemanden zu bleiben, und ich biete euch keine Unterhaltung. Ihr kommt, und ich lebe mein eigenes Leben.

Wenn man mit einem geraden Haken fischt, ist das Leben einfach, und man läuft nicht Gefahr, sich selber einzufangen. Wenn Ihr die Wahrheit nehmt und sie durch Eure Weisheit, welche die Weisheit der Wirklichkeit ist, passieren läßt, dann habt Ihr wahre Religion. Mit einem einzigen Koan könnt Ihr das Gesetz des Universums verstehen und die Wahrheit in jedem Stadium des Lebens aller empfindenden Wesen erkennen.

Wenn Ihr versteht, was *rupa* im ursprünglichen Sinn ist, werdet Ihr Euch vom Begehren befreien.

## DIE FÜNF SKANDAS UND DIE MEDITATIONSHALTUNG

*Man kann die Gedanken, die wie Luftblasen aus dem Unbewußten oder Halbbewußten in das Bewußtsein aufsteigen, nicht abweisen. Doch diese Blasen müssen zerplatzen, bevor sie die höchste Stufe des Geistes erreichen.*

Um die körperliche Haltung der Meditation zu bewahren, müßt Ihr das Rückgrat als die zentrale Säule erkennen. Es darf nicht wie ein Bogen gekrümmt werden, sondern muß gerade aufrecht gehalten werden. Die Hände hält man so, als wollte man diese

Säule unterstützen. Ihr sollt nicht auf der äußersten Kante des Hüftknochens sitzen, sondern auf dem ganzen Gesäß. Außerdem soll die Unterlage niedrig sein.

Schließt die Augen halb und schaut nach vorn. Schließt die Augen nicht ganz, damit Ihr nicht von den mentalen Störungen, die immer auftreten, wenn man in verwirrtem Zustand meditiert, weggetragen werdet. Soyen Shaku, der Lehrer meines Lehrers, pflegte mit weit offenen Augen zu meditieren, doch gewöhnlich sitzen wir mit halbgeschlossenen Augen.

Wenn sich in Amerika zwei Freunde begegnen, schütteln sie sich die Hände, die Kraft liegt in den Armen. Beim Gehen und Meditieren sollt Ihr die Kraft in den Unterleib bringen. Einige Menschen geben den Eindruck, betrunken zu sein, so schwach ist ihr Gang. Kultivierte Männer und Frauen sollten die Würde pflegen. Deshalb sollt Ihr die Meditationshaltung üben, wann immer Ihr Zeit habt. Eine Person, die diese Haltung nicht aufrecht erhalten kann, hat keine Würde. Wenn so jemand als Gast in ein Haus kommt, findet man ihn sehr bald am Boden liegend mit den Füßen auf einem Stuhl. Ein derartig schlottriges Benehmen ist höchst unwürdig. Natürlich gibt es formelle, halbformelle und unformelle Haltungen, aber selbst die sog. umformelle Haltung enthält eine Art Form.

Wenn man eine Sportart lernt, in Japan z. B. Schwertkampf oder Judo, wird einem die entsprechende Körperhaltung vom Lehrer beigebracht. In einem Zen-Tempel müssen die Novizen zuerst die körperliche Haltung üben, bevor sie einen Koan bekommen.

Ebenso wichtig wie die Körperhaltung, ist die Haltung des Geistes. Um den Geist in Form zu halten, muß man den Körper in Form halten. Wenn Ihr den Körper gerade haltet, wird auch der Geist gerade werden. Doch die Haltung des Geistes ist schwieriger zu bewahren, als die des Körpers.

Um zu erklären, wie man den Geist in Form hält, will ich Buddhas Lehre der *fünf skandhas* benutzen. *Rupa-skandha* ist die objektive Existenz einschließlich unseres physischen Körpers. Buddha betrachtete unseren Körper als Ausdruck eines Geisteszustandes, denn durch die Bewegungen unseres physischen Körpers bringen wir unseren mentalen Körper zum Ausdruck. Haltet deshalb Euren physischen Körper in Form!

Auf *rupa-skandha* folgt *vedana*, die Sinne. Alle Sinnesorgane müssen in Form gehalten werden. Um dies zu tun, pflegte ich mich immer auf das Ohr zu konzentrieren und alle Geräusche gleichzeitig zu hören, ohne eines davon abzuweisen. In einem stillen Raum läßt man sich von Geräuschen wie Straßenlärm, Hupen usw. leicht stören. Ist man gestört, kann man nicht meditieren. Die Störung kommt daher, daß man sich gegen die Geräusche wehrt und ihnen den Eintritt verweigert. Statt dessen soll man mit den Geräuschen, die ans Ohr treten, eine vollkommene Einheit herstellen, dabei aber gleichzeitig ohne Absicht zur Aufnahme oder Ablehnung von Geräuschen bleiben. Einmal arbeitete ich an einem Ort, wo es so lärmig war, daß ich meine eigenen Gedanken nicht hören konnte. Als ich beschloß, diesen Lärm ohne Widerstand zu akzeptieren, war es nicht mehr schlimm. Natürlich war es nicht angenehm, doch es störte mich nicht mehr. Wenn ich einen Vortrag gebe und den benachbarten Musiker Klavier spielen höre, akzeptiere ich dies so, wie wenn ich ihn dafür bezahlen würde, und so ist es mir nicht lästig. Und überhaupt... schließlich gibt es sowieso nichts worüber zu meditieren ist.

Das dritte *skandha* ist *samjna* (Gedanken). Dieses ist das Hauptobjekt des Trainings. Es ist der Kopf des Affen, der im Zazen trainiert werden muß. Man kann die Gedanken, die wie Luftblasen aus dem Unbewußten oder Halbbewußten in das Bewußtsein aufsteigen, nicht abweisen. Doch diese Blasen müssen zerplatzen, bevor sie die höchste Stufe des Geistes erreichen. Laßt die Gedanken zuerst kommen — Gedanken an Zigaretten, Musik, Frühstück, ein Glas Wasser usw. — Ihr könnt sie nicht abwehren. Aber Ihr sollt sie nicht unterhalten. Laßt sie kommen und laßt sie gehen! Euer Geist muß wie ein Spiegel sein, der das, was er spiegelt, nicht festhält. Gedanken sind unabhängige Existenzformen. Es gibt subjektive Gedanken, die zu Euch gehören, und objektive Gedanken, die der Außenwelt angehören. Wenn Ihr diese subjektiv unterhaltet, werden sie die Haltung eures Geistes stören.

Das vierte *skandha* ist *samskara*. *Samskara* ist Gefühl, es enthält keine Worte oder Bilder. Es ist Stimmung. Im wesentlichen ist es Emotion. *Samskara* ist eine sehr große Welt. Wenn es sich bewegt, fühlt man die Emotion im Geist. Solche Erfahrungen kann man nie ganz in Worte fassen. Um die Haltung des Geistes zu bewahren, müßt Ihr Eure Stimmungen und Emotionen gleichmäßig halten. Wenn man Unrecht tut oder sich selber belügt, gelingt dies nicht.

Die Wurzel, der Boden, oder die Grundlage von allem ist *vijnana* — oder *alaya*-Bewußtsein. Es ist bodenlos. Denkt nicht, es habe einen Boden, denkt in Eurer Meditation nie: „Das ist der Boden..., das ist Gott." Das Gottesgefühl ist bodenlos. Dieser bodenlose Geist selber ist ein Spiegel. Er nimmt die Eindrücke von Stimmungen, Gedanken und der Außenwelt auf. Bewahrt die Haltung Eures Geistes, während Ihr über Gedanken, Stimmungen und Emotionen meditiert!

Dann könnt Ihr Eure Taten von der Grundlage Eures Geistes aus erzeugen. Ich bin sehr faul, trotzdem trainierte ich lange Zeit, um meinen Geist in Form zu halten. Als ich nach Amerika kam, stellte ich fest, daß die Menschen dieses Landes kein Training für die Form ihres Geistes haben, ihr Benehmen ist unformell. Die Amerikaner haben eine ihnen eigene Verhaltensform, aber es ist keine gepflegte Form.

Wenn Ihr in den Zen-Raum vor den Lehrer kommt, sollt Ihr die Haltung Eures Körpers und Geistes bewahren. Das Zenzimmer ist ein Kampffeld. Übt Zazen! Es ist die Grundausbildung, die Rekrutenschule. Es ist auch ein Training für das tägliche Leben. Zen ist eine sehr praktische Religion.

**LEERHEIT** *Diejenigen, die eine falsche Ansicht über Leerheit haben, denken gewöhnlich, es gebe weder dieses (Existenz) noch jenes (Nicht-Existenz), und im ganzen Universum gebe es eigentlich überhaupt nichts.*

Die Überlieferung des Zen-Buddhismus geschieht seit alters her so, daß der Lehrer das Dharma seinen Nachfolgern weitergibt und zu den Jüngern über das, was er denkt, spricht. Ich erlangte etwas Erleuchtung, indem ich meinem Lehrer folgte, welcher sein Zen an mich übertrug. Und in meinem täglichen Leben denke ich viel über Buddhismus nach, um von da her meine Entscheidungen zu treffen. In meinen Vorträgen spreche ich deshalb nicht nur über mein Zen, sondern auch über dieses Denken.

Ich habe mir schon vor langem vorgenommen, Euch etwas über ein sehr wichtiges Thema des Buddhismus zu sagen, damit Ihr dies in Zukunft nicht mißversteht. Denn ich hoffe, daß der Buddhismus in der westlichen Welt allmählich verbreitet wird, um dadurch ein gegenseitiges Verständnis zwischen Ost und West hervorzubringen. Diejenigen, die mir aufrichtig folgen, müssen den Buddhismus in der westlichen Hemisphäre so verbreiten wie ich, d. h. sie müssen sich einerseits an meine Methode der direkten Übertragung des Zen (Koan, Sanzen), die von diesen Vorträgen gesondert ist, halten und andererseits so über den Buddhismus sprechen, daß sie sich genau wie ich nach den authentischen Schriften richten.

Das wichtige Thema, über das ich nun sprechen werde, ist die sog. „schädliche Ansicht über Leerheit". Ihr müßt zukünftige Zuhörer darüber unterrichten.

Die schädliche Ansicht über Leerheit ist nicht neu. Es ist eine sehr sehr alte Ansicht. In Indien war sie zeitweise vorherrschend, allerdings nicht unter den Buddhisten, aber unter den Anhängern anderer Sekten. Der Buddha sprach oft darüber und warnte seine Jünger, nicht in diese Grube zu fallen.

Der Buddha sagte in einem Sutra, welches zum *Abhidharma*

(jap. *Jiji-ron*) gehört, folgendes: „Was ist die falsche Ansicht über Leerheit? Wenn jemand denkt, alles sei leer, es gebe weder dieses noch jenes, so wird das ‚die falsche Ansicht über Leerheit' genannt."

Diejenigen, die eine falsche Ansicht über Leerheit haben, denken gewöhnlich, es gebe weder dieses (Existenz) noch jenes (Nicht-Existenz), und im ganzen Universum gebe es eigentlich überhaupt nichts. Ich begegne dieser Ansicht häufig. Da ich oft gesagt habe, daß es letztlich weder dieses noch jenes gibt, benutzen diejenigen, die an ihrer eigenen Meinung über die Leerheit hängen, meine Worte, um diese zu bestätigen. Ich kann eindeutig spüren, wenn das der Fall ist. Es ist meinem Gefühl sofort klar, wenn eine Person die Leerheit mißverstanden hat. So jemand hat eine materialistische Ansicht über Leerheit und interpretiert die Worte „weder dieses noch jenes" in dem Sinne, daß es im Universum nichts gibt, und daß es auch kein Universum gibt. Ihr könnt ohne nachzudenken sehen, daß diese Ansicht gänzlich falsch ist. Wer so denkt, hat nie eine Meditations- oder Zenerfahrung gemacht. Er folgt lediglich den Worten: „Es gibt weder Existenz noch Nicht-Existenz" und meint, alles, was wir durch irgendwelche Täuschung um uns herum sehen, sei bloß eine Art Luftspiegelung, es gebe weder Ursache noch Wirkung. Folglich brauchten wir uns um kein Gesetz zu kümmern. Die Gesetze dieser Welt hätten keine Grundlage, also seien wir auch nicht verpflichtet, irgend ein Gesetz von anderen zu akzeptieren, noch brauche man sich an irgend eine Übereinkunft zu halten. Wir Buddhisten nennen dies eine „schädliche Ansicht". Sie zerstört alles Kostbare im menschlichen Leben. Die Menschen, die ihr anhaften, sind wie berauscht.

Man findet diesen Fehler auch bei einigen Mahayanisten; wenn sie sich durch das Studium des Mahayana Buddhismus eine „leere" Ansicht des Mahayanas aneignen, wischen sie alle bestehenden Gesetze zur Seite. Manch ein Freund kam zu mir und sagte: „Ich folge dem Buddhismus, weil er über die Leerheit spricht, und weil die Buddhisten an Vernichtung glauben. Alle diese vorhandenen Dinge folgen lediglich einem Mechanismus, der irrtümlich von unseren Sinnen erzeugt wird. Wenn man aufwacht, wird man erkennen, daß alles leer ist." So jemand muß Zazen üben und das Wissen des Zen erlangen.

In der Anfangszeit der systematischen Meditation meditierten die Mönche über die verschiedenen Stufen oder Zustände in *rupadhatu*, der Welt der Sinne. Man zählte 18 verschiedene Zustände. Diese Meditation beginnt mit der Meditation über diese vorhandene Erscheinungswelt. Das bedeutet aber nicht, daß Ihr etwas im Geist festhalten müßt. Ihr braucht nicht über ein Wort, einen Gegenstand, ein Diagramm oder einen Gedanken zu meditieren. Das ist nicht nötig. Das war nie die Art der authentischen buddhistischen Meditation. Die Meditation über die Erscheinungswelt ist anders.

Ein Mann geht z. B. zum Riverside Drive, setzt sich auf eine Bank am Flußufer und sieht New Jersey auf der anderen Seite des Flusses. Er sitzt auf der Bank und beobachtet New Jersey auf der anderen Seite. Langsam verschwinden die Gedanken aus seinem Geist, bis nichts mehr übrigbleibt. Den Zustand, in dem er völlig in die Sicht von New Jersey absorbiert ist, nennen wir im Zen *samadhi*. Im *samadhi* beobachten wir New Jersey von dieser Seite des Flusses aus. Auf diese Art beginnt die Meditation.

Oder vielleicht hört Ihr den Klang des Gongs mit diesem im *samadhi* geübten Geist. Um Mitternacht im stillen Tempel, allein in der Dunkelheit meditierend, hört Ihr den Gongschlag in die Meditationshalle kriechen, gong... gong... und wieder gong. Dies nennt man das *samadhi* im Gong.

Langsam verlaßt Ihr Farbe und Geräusch und zieht Euch in den Zustand des Geistes selbst zurück. Noch werdet Ihr jedoch die Bruchstücke der Außenwelt sehen, die vom Unterbewußtsein in den Geist durchsickern. Sie erscheinen vor dem Geist wie Nebelschleier in einem Sommerfeld. Doch dann kommt Ihr langsam in den Zustand, welcher *akanishtha* genannt wird. Das ist der höchste Zustand in *rupadhatu*[1], der Sinneswelt. Von da erhebt sich die Meditation langsam zu *arupadhatu*[2], dem Zu-

---

[1] rupadhatu: Formwelt.
[2] arupadhatu: formlose Welt.

stand, in dem nur der reine Geist vorhanden ist. Dort gibt es zuerst reinen Raum, dann reines Bewußtsein, und von da geht man in reine Leerheit. Bevor der Buddha alle diese Zustände erfahren und den höchsten leeren Zustand erreicht hatte, dachte man, die Leerheit von *arupadhatu* sei der höchste erreichbare Zustand. Aber in diesem leeren Zustand von *arupadhatu* ist im Gegensatz zur falschen Ansicht der Leerheit nichts Schädliches. *Arupadhatu* ist reiner Geist, leerer Geist. Wenn dieser Geist in diese Welt zurückkommt, folgt er dem Gesetz dieser Welt, dem Gesetz der Sinne, dem Gesetz des Körpers. Die früheren Buddhas, d. h. die Buddhas vor Shakyamuni, hatten wohl eine „leere Ansicht", aber diese war völlig anders als die sog. schädliche Ansicht über Leerheit.

Zu Buddhas Zeit gab es eine Anzahl berühmter Ketzer (religiöse Führer, die nicht der Lehre des Buddha folgten) und sechs verschiedene ketzerische Lehren. Unter diesen Ketzern war Purana Kasyapa derjenige, der die schädliche Ansicht über Leerheit lehrte. Er vertrat die Ansicht, daß gute Taten weder gute Resultate, noch eine Belohnung erzeugen und schlechte Taten weder schlechte Resultate, noch eine Strafe hervorbringen. Für ihn bestanden alle *dharmas* von Anfang an aus „leerer Natur". Folglich existierte seiner Ansicht nach zwischen Vater und Kind oder Meister und Schüler keine moralische Verpflichtung, keine Kindespflicht. Wenn die Menschen dies fälschlicherweise für eine buddhistische Ansicht halten, folgern sie, daß es schädlich ist, an Leerheit zu glauben, weil diejenigen, die an Leerheit glauben, meinen, sie könnten tun was sie wollen, und dies vergiftet den Geist.

In meiner Art des Lehrens kommt der Schüler langsam ins Zen, langsam in Leerheit. Wenn ihm jedoch jemand mit diesem falschen Verständnis sagt, es sei schlecht, an Leerheit zu glauben, könnte er verwirrt werden. Deshalb müßt Ihr diese Leerheit sehr gut verstehen.

Außer dieser eben beschriebenen schädlichen Ansicht, daß überhaupt nichts vorhanden ist, gibt es eine zweite falsche Ansicht über die Leerheit. Diese besteht darin zu denken, alles existiere für immer: Berge blieben Berge, Flüsse Flüsse, Herrn Sa-

sakis[3] Seele oder die Seele von Herrn Soundso existiere für immer und werde nie vergehen. Gemäß dieser Ansicht taucht man hier in der Welt auf wie eine Luftblase und psst — nichts mehr. Diejenigen, die diese Ansicht vertreten, glauben nicht an Bewußtsein und die vielen verschiedenen Bewußtseinszustände. Doch wir leben hier in dieser Umgebung in einem bestimmten Bewußtseinszustand, und wenn sich unser Bewußtsein ändert, ändert sich auch die Umgebung.

Die Menschen, die diesen schädlichen Ansichten verfallen und nie herauskommen, tun mir sehr leid. Der Buddha sagte, daß so jemand nie gerettet werden kann. Deshalb lehren die Buddhisten die wahre Sicht über die Leerheit mit großer Sorgfalt, sie benutzen das Wort „Leerheit" nicht, denn es ist ein vergiftetes Wort. Wenn jemand einer dieser Ansichten verfällt, muß er den Lehrer fragen. Entscheidet nicht selber, und zieht keine eigenen Schlüsse über Buddhismus! Fragt den Lehrer!

Im 20. Band des Ekotarra-Agama gibt es eine Geschichte über Buddhas wahre Sicht der Leerheit. Es gab einen Mönch namens Mrigasirsa. Sein Beruf war es, den Leuten zu sagen, wohin ihre verstorbenen Geliebten nach dem Tod gegangen waren, indem er deren Schädel untersuchte. „Er ging nach seinem Tod in diesen oder jenen Himmel, oder in diese oder jene Hölle", oder „Das ist der Schädel einer Frau. Sie starb an dieser oder jener Krankheit, ihre Knochen wurden von Säure verzehrt, und ihre Eingeweide lösten sich in Wasser auf. Nach ihrem Tod ging sie zur Hölle." So sprach Mrigasirsa über das Schicksal der Leute. Eines Tages begegnete er dem Buddha und versuchte, sein Wissen mit Buddhas Wissen zu messen. Der Buddha hatte den Schädel des Mönches Udayana in der Hand. Udayana war am Fuße des Gandhamadana Gebirges im Nirvana, das nichts zurückläßt, gestorben. Dieses Nirvana hatte er noch während seines Lebens erreicht. Der Buddha zeigte Mrigasirsa den Schädel und fragte, wohin diese Person gegangen sei. Mrigasirsa nahm den Schädel und untersuchte ihn gründlich, doch er konnte nicht herausfinden, wohin Udayana gegangen war. Er sagte: „Er ist in die abso-

---

[3] Sasaki: Sokei-ans Familiennamen (Anm. d. Übers.).

lute Leerheit gegangen." Der Buddha erwiderte: „Der Mönch Udayana lebt in dem Zustand, in dem es weder Ende noch Anfang gibt, weder Leben noch Tod. Für ihn gibt es keinen Ort, um hinzugehen." Das war die Antwort des Buddha. Daraus sieht man folgendes: Buddhas Leerheit ist geistige Leerheit, leerer Geist, und sein ganzes Universum ist Geist selber — es gibt keinen Ort außerhalb dieses Geistes.

Natürlich gibt es viele Orte außerhalb des menschlichen Geistes, aber es gibt keinen Ort außerhalb dieses großen Geistes. Wenn Ihr an diesen großen und wahren Geist glaubt, werdet Ihr nie in die materialistische Ansicht über Leerheit fallen. Ich hoffe, daß Ihr diese Lektion im Gedächtnis behaltet, und daß Ihr, jemandem, der sagt, die Buddhisten glaubten an Leerheit und beachteten deshalb keine Moralität oder kein Gesetz, erklären könnt, daß seine Ansicht falsch ist.

## SARIPUTRA UND DIE LÄRMENDEN MÖNCHE

*Benutzt Euren Geist! Laßt Unkraut und Bäume auf ihm wachsen! Sie werden den Boden Eures Geistes ernähren.*

Der Garten der Āmrabäume im Dorf Sakya war einer von Buddhas geliebten Gärten. Dort pflegte er mit seinen Mönchen die Regenzeit zu verbringen. Seine Gemeinschaft der Mönche umfaßte damals 500 Personen. Sariputra und Maudgalyayana sowie einige andere hervorragende Jünger des Buddha betreuten ebenfalls je eine 500köpfige Mönchgemeinschaft. Gelegentlich versammelten sich alle an einem Ort, um den Sommer zusammen mit dem Buddha zu verbringen. Gemäß der Überlieferung verhielten sich die Mönche, die mit dem Buddha lebten, sehr leise, doch diejenigen, die mit Sariputra und Maudgalyayana lebten, waren lärmig.

Eines Tages, als sich der Buddha mit seinen Mönchen im Āmragarten aufhielt, wo sie auf den kommenden Sommer warteten, hörte er den Lärm einer großen Schar von Menschen, die plaudernd und schreiend langsam näher kam. Der Buddha sagte zu Ananda: „Höre den Lärm, es ist, als ob jemand Bäume fällen würde. Geh', Ananda, und sieh', wer kommt!" Ananda ging und fand heraus, daß es die Schüler Sariputras waren und daß sich Sariputra selbst bei ihnen befand. Er kam zurück und meldete dem Buddha, was er gesehen hatte. Buddha antwortete: „Geh' und sage Sariputra, er soll anderswo hingehen. Ich liebe es nicht, derartig unruhige und unordentliche Mönche zu hören." Also ging Ananda aus dem Dorf und überbrachte Sariputra die Mitteilung des Buddha.

Obwohl Sariputra und seine Gemeinschaft der 500 Mönche von weither gekommen waren, gingen sie nun langsam den selben Weg zurück, bis sie nach ungefähr zwei Meilen auf eine andere Gemeinschaft von 500 Mönchen trafen, die von Maudgalyayana angeführt wurde. Sariputra erzählte Maudgalyayana, was der Buddha gesagt hatte, worauf Maudgalyayana und seine Schüler in ein Dilemma gerieten: entweder gingen sie zum Āmragarten, wie der Buddha ursprünglich befohlen hatte, oder sie kehrten den langen Weg nach Hause zurück.

Die Leute von Sakya hörten von den Schwierigkeiten, kamen zum Buddha und sagten: „Bitte, lassen Sie sie herein. Sie werden ruhig sein, wenn sie Ihnen begegnen. Es gibt viele neue Mönche, die den Buddha noch nie gesehen haben. Wenn diese Sie nicht sehen dürfen, könnten sie ihren Glauben verlieren, so wie die junge Reispflanze, die kein Wasser bekommt, austrocknet und stirbt, oder wie ein Kalb, das ohne Mutter nie heranwachsen kann. Wir bitten Sie, nehmen Sie Sariputra, Maudgalyayana und ihre Mönche in diesen Garten auf und behalten Sie sie den Sommer über bei sich. Wir sind schon dabei, alles für sie vorzubereiten." Der Buddha hörte ihren Wunsch und den Vergleich vom Kalb und Reis und überlegte von neuem. Endlich entschied er, alle neuen und alten Schüler Sariputras und Maudgalyayanas hereinzulassen.

Sariputra trat als erster vor den Buddha. Er kniete auf sein rechtes Knie, ergriff Buddhas Fuß und drückte ihn an seine Stirn. Dann trat er zurück und setzte sich. Der Buddha fragte ihn: „Was hast du empfunden, als ich dir befahl, wegzugehen und diese lärmigen Mönche nicht hierher zu bringen?" Sariputra antwortete: „Um Ihre Ruhe hier zu erhalten, führte ich sie weg. Dabei dachte ich daran, wie sehr auch ich in stiller Einsamkeit verweilen möchte, weit weg von diesen lärmenden Mönchen."

Als Sariputra geendet hatte, trat Maudgalyayana hervor. Nachdem auch er seinem Buddha gehuldigt hatte, trat er zurück und nahm seinen Sitz neben Sariputra. Der Buddha stellte ihm die selbe Frage.

Maudgalyayana antwortete: „Ich dachte, ich sollte weggehen, weil es Ihr Befehl war. Aber ich war unsicher, weil ich überlegte, wie ich diese Mönche nachher bei mir behalten könnte. Wie könnte ich diese Gemeinschaft ohne den *Tathagata* [1] zusammenhalten, und wie könnte ich die Lehre des Gesetzes aufrecht erhalten, wenn sich die Mönche zerstreuen und ich allein weitergehen muß?"

Der Buddha sagte: „Maudgalyayana, deine Antwort ist gut, aber ich bin nicht zufrieden mit der Antwort von Sariputra."

Die Geschichte geht noch weiter, aber der springende Punkt befindet sich an dieser Stelle. Man kann den tieferen Sinn solcher Sutras aus dem Urbuddhismus manchmal nicht sogleich erkennen. Auch die Mönche wissen oft keine Antwort, wenn der Lehrer sie nach dem Sinn hinter diesen einfachen Geschichten fragt. Auch ich frage Euch: „Versteht Ihr die Bedeutung dieser Geschichte? Seht Ihr, daß der springende Punkt in den verschiedenen Antworten der zwei Jünger liegt?" Sariputra vertrat die Haltung des Hinayana, während Maudgalyayanas Antwort dem Geist des Mahayana entsprach.

Einmal fragte mich jemand, wie man das Unkraut im Geiste ausrotten könne, und ich antwortete: „Behalte das Unkraut mit dem Boden und du wirst den Boden des Geistes finden." Bewegungslos zu bleiben, den Boden des Geistes frei von Unkraut zu erhalten, das war die Hinayana-Haltung, die Sariputra gezeigt hatte. Maudgalyayana hingegen fühlte, daß ein Boden ohne Un-

---

[1] *Tathagata:* Bezeichnung für Buddha; *tatha* bedeutet „so", demzufolge bedeutet *tathagata* der „So-Gekommene".

kraut und Bäume nicht viel Sinn hat. Wenn Ihr einen Boden sehen wollt, auf dem es weder Unkraut noch Bäume gibt, geht in die Wüste Gobi! Dort findet Ihr einen Ozean aus Sand, eine unermeßliche leere Fläche, auf der nichts wächst. Da gibt es kein Geräusch und kein Leben. Wenn Ihr versucht, den Boden Eures Geistes ebenso zu machen — ohne Bäume, ohne Unkraut — wird Euer Leben bloß zu Schlaf. Die Erde gibt dem Unkraut und den Bäumen Leben. Sie ernährt sie und läßt sie Blumen und Früchte hervorbringen. Dann nimmt sie sie wieder zurück. Nun nähren die Kräuter und Bäume die Erde ihrerseits, und sie bereichern sie. Laßt Euer Leben nicht bloß zu Schlaf werden! Benutzt Euren Geist! Laßt Unkraut und Bäume auf ihm wachsen! Sie werden den Boden Eures Geistes ernähren. Indem Ihr Euren Geist benutzt, bereichert Ihr seine Erde. Wenn Ihr ihn nicht nutzt, macht Ihr ihn zu einer Wüste Gobi. Sich von allen Verwicklungen zurückziehen, um in stiller Einsamkeit auf einer Bergspitze zu verweilen, ist der Weg des Hinayana Buddhismus. Folgt diesem Weg nicht! Nutzt den Boden Eures Geistes: düngt und belebt die Dinge, die aus ihm wachsen!

Wenn man einem Zenmönch begegnet, hat man sofort den Eindruck, daß da etwas vorhanden ist, was hart ist, wie der Boden. Der Mönch spricht nicht viel, aber wenn man „drückt", ist etwas *da*. Im Umgang mit den Menschen gibt er keine Schmeicheleien, ist aber immer ein Freund. Er hat Boden, d.h. er hat einen festen Mittelpunkt auf dem er steht und in dem er ruht. Gelegentlich trifft man eine Person, welche wie eine schöne Blume ist, aber keinen Boden, keine Kraft hat. In einem Sutratext wird berichtet, daß ein Schüler dem Buddha die Schönheit solcher Wesen zeigte und fragte, was sie seien. Sind es Menschen oder Devas, menschliche Wesen oder Dämonen? Der Buddha antwortete: „Was auch immer sie sind, es handelt sich um nicht viel mehr als um Erscheinungen; sind es z.B. Dämonen, haben sie keine Macht, Böses zu tun, oder sind es Frauen, können sie keine Kinder gebären."

Wir treffen viele Frauen und Männer dieser Art. Letzteres sind Männer, die nichts von einem Vater oder von einem echten Mann in sich haben. Auch manche Religionen sind schön wie ein

Gedicht oder Musik, aber sie haben keine Wurzel, keinen Boden.

Der Boden ist sehr wichtig. Der Boden allein ist jedoch nicht genug, es soll etwas darauf wachsen.

Ein Zenmönch wurde einmal gefragt: „Wie wird dein Geist genutzt, wenn du die ganze Zeit meditierst?" Der Mönch antwortete: „Mein Geist wird vielleicht einen wunderschönen Apfelbaum hervorbringen, während deiner meilenweit Büsche produziert. Indem ich das Unkraut und die Zweige zusammenbinde, baue ich mir einen Unterschlupf, und indem ich sie zerstreue, werde ich vielleicht den ursprünglichen Berg (Boden) finden."

Wenn ich Euch den Koan gebe: „Vor deinem Vater und deiner Mutter — wo warst du?", werdet Ihr vielleicht versuchen, alles zu vernichten, um zu diesem Zielpunkt zurück zu gehen. Doch eine derartige Antwort wäre nicht richtig.

# DIE BLINDHEIT DES ANURRUDHA
*Die Nahrung für das Nirvana ist Zwecklosigkeit, Geist ohne Absicht.*

Anurrudha war ein Anhänger des Buddha. Als er während einer Lehrrede eingeschlafen war und von Buddha deswegen zurecht gewiesen wurde, erlitt er einen derartigen Schock, daß er Tag und Nacht kein Auge mehr schließen konnte, bis er am Ende völlig erblindete.

Der Buddha schickte seinen persönlichen Arzt zu Anurrudha, mit dem Auftrag, seine Blindheit zu heilen. Die Geschichte dieses Arztes ist interessant: Er wurde als Kind einer Dirne und eines Königs geboren. Die Mutter setzte ihn an einer Straßenecke aus, doch der König nahm ihn auf und erzog ihn. Später wurde er ein Schüler des Buddha und folgte diesem zusammen mit den Mönchen. Da er ein Laienanhänger geblieben war, bildete er in der Gruppe der Mönche eine Ausnahme. Er trug ein weißes Gewand, während das der Mönche gemischtfarbig war.

In gewissen Teilen Indiens herrschte der Brauch, die Leichen der Verstorbenen im Wald auf eine Plattform zwischen den Bäumen zu legen. Dort trockneten sie aus und wurden wie Mumien. An einem solchen Ort gab es eine Leiche, die 60 Jahre lang im kühlen Wald lag, ohne zu zerfallen. Daraufhin operierte sie der besagte Arzt und hob ein Baby heraus. Dieses hatte 60 Jahre lang in einem toten Körper geweilt! Manche Babys kommen natürlich auch nach 1000 Jahren nicht heraus! Soviel zum Arzt, den der Buddha schickte, um Anurrudha zu heilen.

Der Arzt sagte zu Buddha: „Ich kann Anurrudhas kleine Blindheit heilen, nicht aber seine größere Blindheit. Mein *Tathagata,* Ihr seid derjenige, der seine große Blindheit heilen kann. Ich kann die Krankheit der physischen Augen heilen, aber der Arzt, der die Augen der Seele heilen kann." Und er weigerte sich, zu Anurrudha zu gehen. Er verstand die Bitte des Buddha und auch die Natur von Anurrudhas Blindheit. Die Medizin eines Arztes hilft bei solcher Blindheit nicht.

Also ließ der Buddha Anurrudha zu sich rufen und sagte zu ihm: „Anurrudha, gehe in den Wald und schlafe! Kümmere dich nicht darum, daß ich dich zurecht gewiesen habe. Ziehe dich drei Monate lang zurück. Falte die Hände, kreuze die Beine und schlafe gut! Es macht auch nichts wenn du schnarchst. Schlafen ist Nahrung für das Auge, schöner Klang ist Nahrung für das Ohr, köstlicher Geschmack ist Nahrung für die Zunge und schöne Gedanken sind Nahrung für den Geist. Geh' in den Wald und schlafe dich aus!"

Anurrudha erwiderte: „*Tathagata,* Ihr habt mir die Nahrung für die fünf Zweige des Bewußtseins genannt, aber was ist die beste Nahrung für das Nirvana?" Der Buddha antwortete: „Die Nahrung für das Nirvana ist Zwecklosigkeit, Geist ohne Absicht."

Was ist Zwecklosigkeit? Wenn man eine Sache Tag und Nacht verfolgt, weil man daraus einen eigenen Nutzen ziehen will, ist das keinesfalls Absichtslosigkeit. Zwecklosigkeit ist z. B. folgendes: Ein Baum läßt seine Frucht fallen. Ein Affe frißt die Frucht und wirft den Samen weit weg. Der Samen faßt Wurzeln im Boden. — Das ist Zwecklosigkeit, aber dieses Geschehen erfüllt eine große Funktion. In einem harten Winter bilden die Melonen von Nordwest-Amerika eine sehr dicke Schale. In einem milden Winter ist die Schale jedoch weniger dick. Normalerweise nennt man so etwas Instinkt, für den Erleuchteten ist es Intuition. Zwecklosigkeit ist Nahrung für das Nirvana.

Als Anurrudha diese Worte hörte, öffnete er plötzlich das Auge des *deva*[1] und konnte alles klar sehen. Er hatte sein Augenlicht verloren, doch das übernatürliche Auge, das Auge des *deva* gewonnen. Wunderbar, nicht wahr? Phänomenon und Numenon konnte er nicht sehen, aber er sah die Wirklichkeit. Die Erscheinung, die er sah, war die Wirklichkeit in ihrem Sosein. Versteht Ihr das? Obwohl Anurrudha blind war, konnte er alles sehen. Jemandem, der mit dem Buddhismus nicht bekannt ist, mag diese Geschichte mysteriös vorkommen, aber für uns Buddhisten ist sie keine mysteriöse Angelegenheit. Die Symbolik dieser Geschichte ist sehr einfach. Anurrudha gewann das übernatürliche Auge.

[1] *deva:* geistiges Wesen (s. auch S. 110).

# KEIN ZWECK  *Viele Dinge tauchen aus dem Nicht-Sein auf. Diese Vielfalt in der Existenz ist das Wahre, das Gute und das Schöne.*

Während einer Ferienwoche in den Bergen von Catskills beobachtete ich die Bäume und kleinen Waldtiere, wie sie all ihre Kraft aufboten um zu leben. Für sie gibt es nur einen Zweck, den Zweck zu überleben. Das ist das einzige, worum sie sich in ihrer unbewußten Art und Weise bemühen. Sie sind nicht so hoch entwickelt wie wir, der Zustand ihres Bewußtseins ist Unbewußtsein. Sie stellen keine Frage nach dem „Warum". Von ihrem Standpunkt aus leben sie völlig ohne Zweck, sie leben einfach. Sie wissen nicht, daß sie leben. Wir sind es, die ihr Leben beobachten. Sie wissen nicht, daß sie nichts von ihrer eigenen Existenz wissen. Sie sind im Zustand des Todes, denn sie haben keine Einsichtskraft, kein Intellekt. Sie existieren genauso, wie der Himmel über ihnen und die Erde unter ihnen. Im Buddhismus wird dieser Zustand *asamskrita*[1] oder „Nicht-Zweck" genannt.

In der Betonung der Zwecklosigkeit zeigt sich der Unterschied zwischen Buddhismus und Christentum. Der Christ glaubt an einen Zweck der Existenz. Nach seinem Glauben besteht der Zweck darin, die Absicht, den Plan oder die Idee Gottes zu verwirklichen. Die Idee Gottes ist die Vollendung des Guten, des Wahren und des Schönen. Der Christ glaubt natürlich, daß alles hier auf Erden unvollkommen ist, und daß wir nur durch die Verwirklichung von Gottes Absicht vollkommen werden. Ich vermute, daß nach Erreichen dieses Zieles alle Bäume vollkommen gleichmäßige Blätter, ohne jegliche Verzerrung, haben werden. Dann wird es keine dicken und dünnen Menschen mehr geben. Alle werden so schön sein, wie die griechischen Statuen. Es war ja schließlich Plato's Auffassung, daß das menschliche Leben auf die Verwirklichung der a priori vorhandenen Ideenwelt zielt. In diesem Fall besteht der Zweck darin, die Vollkommenheit von etwas schon Vorhandenem zu erreichen.

Die Buddhisten sind anderer Ansicht. Sie betrachten sämtliche Existenzen — sich gegenseitig reibend und drückend und sich selber zerteilend — als *einen* Zustand. Es gibt schöne Bäume und weniger schöne Bäume, Katze und Hund, Mann und Frau, lang und kurz, dick und dünn, unwissend und weise. Alle Dinge haben ihren Platz und leben ihr eigenes Leben. Manchmal ist etwas größer als das andere, und dann wird es kleiner. Viele Dinge tauchen aus dem Nicht-Sein auf. Diese Vielfalt in der Existenz ist das Wahre, das Gute und das Schöne. Sie ist unendlich, und alles hat schon immer und zu keinem bestimmten Zweck existiert. Das einzige Wahre ist, daß das Kleine größer wird und dann, am Ende, wieder klein. Das ist die buddhistische Ansicht, die im Gegensatz zu der christlichen Auffassung kein Ziel hat. Wenn der Christ die Vision seines Ziels verliert, wird er mutlos. Das Ziel des Buddhisten besteht einfach darin, zu leben; wenn das

---

[1] zu *asamskrita* siehe auch S. 64.

Ende kommt, schließt er die Augen und stirbt. Alles ist zwecklos. Wir finden Zuflucht in dieser Zwecklosigkeit. Natürlich findet der Christ auch Zuflucht in seinem endlichen Ziel. Doch die christlichen Lehrer mögen gewöhnlich die buddhistische Ansicht nicht. Sie halten sie für pessimistisch und fatalistisch. „Wenn das, was der Buddhist glaubt, wahr ist", sagen sie, „warum soll man sich dann anstrengen?"

Der Buddhist, ob arm oder wohlhabend, versucht, ohne ein spezielles Ziel zu haben, jeden Tag zu genießen. Er kann dies gerade deshalb, weil er keinen Zweck oder keine Idee in der Zukunft zu verwirklichen hat. Er glaubt an Karma (d. h. an das Gesetz von Ursache und Wirkung, s. S. 89). Ich kam nach Amerika, um den Buddhismus zu verbreiten. Da Amerika ein christliches Land ist, konnte ich hier nur wenig ausrichten. Würde ich die Absicht verfolgen, einen Tempel zu errichten, mit einer großen Glocke auf dem Dach, in welchem 25 japanische Mönche wohnen, und würde mich anstrengen, für jeden meiner Vorträge 300 Zuhörer herbeizuschaffen, bliebe mir keine Zeit, den wahren Buddhismus zu zeigen.

Die buddhistische Lebenseinstellung ist sehr gut. Wenn Ihr sie in Eurem täglichen Leben verwirklicht, könnt Ihr sehr glücklich sein. Der Chipmonk[2] lebt im Verborgenen, er sieht aus wie das trockene Laub. Es ist seine Beschäftigung, sich als trockenes Laub getarnt in einer Ecke zu verbergen. Die Kiefer richtet sich stolz auf, wenn der Schnee von ihren Ästen fällt; sie hat ihre Beschäftigung. Die Trauerweide mit ihren niederhängenden Zweigen beugt sich im Wind, in dieser Weichheit lebt sie. Das ist ihre Beschäftigung.

In der Hinayana-Phase im Leben eines Buddhisten sollen natürlich alle Begehren vernichtet werden, in diesem Fall ist der Tod das Ziel! Doch damit ist nicht der physische Tod gemeint. Es geht darum, das Überflüssige im Geist zu töten. Es kommt allerdings vor, daß Menschen im Bestreben, die Begehren zu vernichten, aktuell sterben und so ihr Leben beenden. Doch das war nicht die Absicht des Buddha. Er wollte, daß wir das Erwachen

---

[2] kleines Bodentier, ähnlich wie ein Eichhörnchen (Anm. d. Übers.).

erreichen, und dann wieder zurückkehren und in dieser Welt weiterleben.

In der Mahayana-Phase unterdrücken wir den Wunsch zu leben nicht. Wenn jemand das Ziel hat, nach Europa zu gehen, um Französisch zu studieren, fängt er an, Geld zu sparen.

Durch die Beobachtung aller menschlichen Wesen kam der Buddha zum Schluß, daß man sich die Mittel zum Leben, das Lebensnotwendige anschaffen muß. Wir stehen nicht unter dem Schutz der Natur, werden nicht ein Leben lang ernährt wie verwöhnte Welpen; wir befinden uns auch nicht in einem Mutterleib oder im Leib der Natur, wir wurden geboren und in die Welt gestellt. Wir wurden, wie die Christen sagen, aus dem Garten Eden vertrieben. Wir müssen im Schweiße unseres Angesichts leben. Es stellt sich bloß die Frage, in welcher Weise wir uns die Mittel zum Leben erwerben wollen. Wenn wir uns für eine Methode entschieden haben, müssen wir diese vollkommen beherrschen. Wenn ein Bauer der bestmögliche Bauer sein soll, muß er viele Kenntnisse und starke Hände haben. Wenn ein Cowboy der bestmögliche Cowboy sein soll, muß er sich im Reiten und Seilwerfen auszeichnen. Wenn ein amerikanischer Indianer überleben soll, muß er alle Kräfte anspannen, um Kinder zu zeugen, sie zu erziehen und den Stamm zu vergrößern, und er muß sich auf den Kampf mit den Feinden vorbereiten.

Es gibt viele verschiedene Beschäftigungen. Damals, im Wald, sah ich viele davon. Und es gibt viele Welten. Diese beruhen auf den verschiedenen grundlegenden Begehren. Die menschlichen Begehren wurden in fünf Klassen unterteilt, entsprechend den Beschäftigungen, die damit verbunden sind:

1. Das Begehren zu zeugen, um als Rasse zu überleben,
2. das Begehren, den physischen Körper zu unterhalten, um als Individuum zu überleben,
3. das Begehren nach Besitz, Geld, einer eigenen Frau, Getreide und anderen Gütern, um Sicherheit zu erlangen,
4. das Begehren, die Weisheit des Geistes und die Stärke der Muskeln zu pflegen, um mentale und physische Wohlfahrt zu sichern,

5. das Begehren nach Ruhe. Wenn man unter Begierden, Armut, Unwissenheit oder Hunger leidet, kann man nicht ruhen.

Was ist meine Beschäftigung? Als Religionslehrer arbeite ich dafür, Euch den Ort zu verschaffen, wo Ihr wachsen und sterben könnt. Was für eine Religion verkaufe ich? Der Christ verkauft Gott im Himmel. Andere verkaufen „das Reine Land". Einige verkaufen Schafsköpfe, die im Laden hängen. Was verkaufe ich? Nichts! Bodhidharma kam nach China und sagte neun Jahre lang kein Wort. Er verkaufte China das „Große Nicht-Sein". Ich verkaufe mein Nicht-Sein in diesen, meinen Vorträgen, es ist die größte Sache, die gekauft werden kann, raumlos und zeitlos. Könnt Ihr das Geräusch der einen Hand hören?[3] Durch dieses Geräusch werdet Ihr das große Nicht-Sein erreichen. Ich habe dieses große, wunderbare Nicht-Sein von meinem Lehrer bekommen, nachdem ich durch viele Ängste, Entmutigungen und Schmerzen gegangen war. Nun versuche ich, es Euch zu geben.

[3] Koan: Meister Hakuin fragte einen Schüler: „Wenn du deine zwei Hände zusammenschlägst, hörst du ein Geräusch. Doch wie ist das Geräusch der einen Hand?"

KARMA *Was kann ein Mensch dafür, wenn er den Verstand eines Philosophen hat, aber die Hand eines Kriegers? Diese zwei Naturen sind gemäß seinem Karma in ihm. In unserem Körper leben immer alle Naturen zusammen, und jedes Element lebt ein anderes Karma.*

Um die Theorie der logischen Ursächlichkeit, Karma genannt, zu verstehen, muß man einige weitere damit in Beziehung stehende Elemente der buddhistischen Theorie verstehen. Die zwei wichtigsten sind *vipaka-vijnana* und *gati,* die fünf Wege bzw. Aufenthaltsorte, der empfindenden Wesen. *Vipaka-vijnana* ist die „Ursache" und *gati* die „Wirkung" oder das Resultat von Karma.

*Vijnana* bedeutet Bewußtsein. *Vipaka* ist die Bezeichnung für einen Endzustand, der sich von der Ursache unterscheidet. Das

Haar eines Kindes ist manchmal zuerst blond, später aber schwarz. Das ausgereifte Resultat sieht völlig anders aus, als der Zustand, der zu diesem Resultat führte. *Vipaka-vijnana* ist also ein Bewußtsein, das seiner Natur gemäß etwas anderes erzeugen oder hervorbringen kann.

Im Buddhismus gelten auch unsere Augen als Bewußtsein, aber dieses Augen-Bewußtsein erzeugt kein sich von der Ursache unterscheidendes Resultat. Wenn wir eine rote Fahne sehen, sehen wir sie als rot. Niemand, es sei denn er sei farbenblind, sieht diese Fahne grün. Die rote Fahne ist die Ursache, und unsere Wahrnehmung der roten Farbe ist das Resultat. Ursache und Resultat sind in diesem Fall gleich. Im Gegensatz dazu wirkt *vipaka-vijnana* manchmal sehr merkwürdig.

Wir nennen das *vipaka-vijnana* auch *alaya-vijnana*. Die genaueste wörtliche Übersetzung dafür ist „Mutter-Bewußtsein", denn dieses Bewußtsein hat sechs Kinder. Das erste Kind heißt *mano-vijnana*, oder „Geist-Bewußtsein". Das zweite Kind ist die Empfindung unseres physischen Körpers, einschließlich der Hände und Füße, das dritte ist der Mund, das vierte die Nase, das fünfte das Ohr und das sechste das Auge.

In einer anderen buddhistischen Sekte wird *mano-vijnana* in zwei Teile unterteilt: *mano-vijnana* einerseits, *manas* andererseits. So findet man in einigen Aufzählungen sieben Kinder, doch in unserer Zählung sind es nur sechs.

Das *alaya*-Bewußtsein enthält die Samen des Karma so, wie ein Teich die Samen enthält, die zufällig ins Wasser geraten sind. Wenn nun jemand kommt und Wasser aus dem Teich schöpft, um damit seinen Garten zu bewässern, sprießen die Samen überall dort, wo das Wasser ausgeschüttet worden war.

Man könnte auch sagen, das *alaya*-Bewußtsein sei wie die Erde, die die Samen vieler Früchte aufbewahrt. Menschen kommen, graben die Erde um und tragen sie fort, um ihre Felder oder Gärten anzureichern. Im nächsten Frühling wächst plötzlich ein Apfelbaum auf einem Feld, oder eine Tanne sprießt auf der Terrasse bei der Küche. Es gibt zahlreiche weitere Beispiele, um diesen Prozeß zu beschreiben. Jemand verkauft z. B. einem Gebrauchtwarenhändler ein Kleid. Dieser verkauft es einem Händler im Armenviertel, wo es von einer Frau für eine Abendveranstaltung erstanden wird. Das Kleid, das durch die Hände vieler Leute gegangen ist, ist bereits schmutzig, und die Farbe verblichen. Ursprünglich war es das Kleid der Tochter eines reichen Mannes, jetzt trägt es eine Frau aus dem Armenviertel für ein Fest. Genau genommen ist das ein Resultat. Doch ich will versuchen, es Euch mit anderen Worten zu erklären.

Die Seele[1] wohnt im *alaya*-Bewußtsein, welches viele Samen enthält. Durch ihre Tätigkeit im Leben des Menschen bringt sie weitere Samen hinein und verläßt dann dieses Bewußtsein. Dann strömt wieder eine Seele ein und wohnt in diesem Bewußtsein. Die alten Samen sprießen. Die neue Seele weiß nicht, in welcher Art Bewußtsein sie sich befindet. Plötzlich realisiert sie: „Oh, dies war das Bewußtsein von jemand anderem, vielleicht das Bewußtsein eines armen Mannes." Oder die Person möchte sanft und freundlich sagen: „Wie geht es ihnen?", doch es kommt in barschem Ton heraus. Die Seele beabsichtigte nicht, so laut zu sprechen, aber das *alaya*-Bewußtsein, in dem sie wohnt, enthielt alte Samen von grober Qualität, und als Resultat war die Stimme anders als die Absicht. Dann, wenn sich die Seele in ein anderes *alaya*-Bewußtsein begibt und barsch sprechen will, kommt die Stimme flüsternd hervor, weil das *alaya*-Bewußtsein entsprechende Samen enthielt, die nun sprossen.

Nun müßt Ihr Euch vorstellen, daß es noch ein tieferliegendes Bewußtsein gibt. Dieses nimmt keine Samen auf. Wir nennen es das reine Bewußtsein, *amala-vijnana*. Es ist wie eine Erdformation aus sehr hartem undurchlässigem Material. Dieser Boden ist bedeckt von der weicheren Schicht des *alaya*-Bewußtseins, welches wir im Zusammenhang mit Karma *vipaka*-Bewußtsein nennen. *Alaya*-Bewußtsein und *vipaka*-Bewußtsein ist dasselbe, nur anders benannt in verschiedenen Zusammenhängen.

Auf das *alaya*-Bewußtsein folgt eine noch weichere Schicht. In dieser befindet sich das *mano*-Bewußtsein. Auch in diesem sprießen Samen, doch nicht nur solche aus der Vergangenheit,

---

[1] Nach buddhistischer Auffassung ist die Seele nicht gleichzusetzen mit der persönlichen, temporären Identität des menschlichen Individuums (Anm. d. Übers.).

sondern auch aus der Gegenwart. Im System der fünf *skandhas* entspricht es dem *samskara*.

Dieses *mano*-Bewußtsein entwickelt eine noch weitere Schicht, in welche die Samen der Gegenwart gesät werden, das ist unser gegenwärtiger Verstand, der denkt und spricht. Im Zusammenhang mit den *fünf skandhas* wird es *samjna* genannt. Dieses Bewußtsein entwickelt eine noch weichere Schicht, welche Körperempfindungen wahrnimmt — angenehme und unangenehme. Der Körper fühlt die Vibrationen der Luft, aber nicht die Vibrationen des Äthers. Die Vibrationen des Äthers werden in unseren Augen, dem sechsten Bewußtsein gefühlt.

Die sechs Kinder gehen hinaus und bringen Samen zurück, welche sie in den Boden fallen lassen. Die groben Samen bleiben liegen, aber die feineren sickern zu feineren Bewußtseinsschichten durch. Die feinsten Samen sickern in das *alaya*-Bewußtsein und bleiben für immer dort. Das *amala*-Bewußtsein, welches keine Samen aufnimmt, ist überall, wie das Wasser in der Erde. Wenn das Wasser zu einer bestimmten Quelle kommt, erzeugt es je nach Zusammensetzung des Bodens einen bestimmten Geschmack. Das Wasser in New York ist sehr angenehm, das Wasser in New Jersey ist trüb, und das Wasser in den Hügeln in der Nähe von New York schmeckt metallisch. Wenn dieses Bewußtsein geboren wird, wächst es in jedem Individuum entsprechend der Erde und der Samen darin heran, es trägt das Karma des vergangenen Lebens in sich. Die Buddhisten glauben, daß die Seele, wenn sie von einem *alaya*-Bewußtsein abfällt, in einem *alaya*-Bewußtsein wiedergeboren wird, welches eine gewisse Beziehung zum vorhergehenden hat, denn es wird angenommen, daß sie einen gewissen Heimkehr-Instinkt hat, eine Art Orientierungsfähigkeit. Natürlich ist das nur eine Hypothese.

Diese Theorie wird im *Vibhasasastra* genau erklärt. Ich werde hier nicht weiter darauf eingehen. Doch denkt selber darüber nach! Was mich anbetrifft, mir ist es einerlei, wo oder in welchem Karma ich geboren werde in der nächsten Inkarnation. Damit habe ich nichts zu tun.

Die alten Buddhisten zogen die verschiedenen Arten der Resultate sehr genau in Betracht, sie analysierten viele verschiedenen Aufenthaltsorte der empfindenden Wesen, in denen Bewußtsein die Erzeugung von Karma bewirkt. Eines der Systeme zählt fünf mögliche Orte oder Wege *(gati)*, die durch die fünf Existenzformen repräsentiert werden.

Der erste Ort ist der Ort der Qual, in einem Wort: die Hölle! Der zweite ist *preta*[2], der Zustand, in welchem es keine Nahrung gibt. Die Geister, die dort geboren werden, sind immer hungrig, immer durstig. Der dritte ist der Ort der Tiere, speziell der Lasttiere wie Pferd, Ochse usw. Es scheint, daß Katzen oder Hunde nicht dazu gehören, sondern nur diejenigen Tiere, die Arbeit leisten. Aber die Bürde besteht nicht nur in physischer Arbeit. Es könnte auch die Bürde einer Mutter sein, welche ihr Leben lang Kinder gebären muß. Der vierte Weg ist der von *manu*[3] oder Mensch, faule Wesen, die glücklicherweise etwas Denkvermögen besitzen, so daß sie gewissen Arbeiten und Schwierigkeiten im voraus aus dem Weg gehen können. ... Der fünfte Weg ist der von *deva*. Die *devas* dieser *gati* sind anders als die *devas* der *rupadathu*, die reinen *devas*. Sie befinden sich in *kamadathu*, der Welt des Begehrens. Einige dieser *devas* haben die Eigenschaft, die Samen zu bewahren, sie sind die Hüter der Erde. Andere nähren empfindende Wesen, sie sind die Götter, die die Geister gebären, welche die Samen erzeugen. Außerdem gibt es *devas*, welche die Samen wärmen, so wie die Sonne die Erde wärmt. Diese Wärme bewirkt das Sprießen der Samen. Es gibt auch *devas*, welche empfindenden Wesen Licht geben — wie das Auge der Erleuchtung. Aber alle diese *devas* gehören innerhalb der Welt der *devas* (der geistigen Welt) zu einer niedrigen Klasse.

Es ist wichtig zu verstehen, daß im menschlichen Körper alle *gati* vorhanden sind. In diesem Körper leben einige empfindende Wesen in der Hölle, einige im Zustand von *preta*, einige im Zustand von *manu* usw. Denkt nicht, dieser Körper sei nur ein Mensch! Dieser eine Mensch ist aus vielen verschiedenen empfindenden Wesen zusammengesetzt.

---

[2] preta: dauernd hungriger, alles in sich hineinfressender Geist (s. auch S. 111).
[3] manu: das denkende Wesen (s. auch S. 111).

Es stellt sich nun die Frage, was ein „empfindendes Wesen" ist. Für Buddha war ein empfindendes Wesen nicht gleich Mensch. Er bezeichnete jedes Zentrum der lebendigen Elemente, welche sich zur Bildung eines Menschen organisieren, als ein empfindendes Wesen. Somit wohnen in jedem Menschen viele Wesen, viele verschiedene Elemente, von denen jedes Karma auf verschiedene Art und Weise in sich trägt. Denn das Karma der Vergangenheit, welches die Person nicht selber geschaffen hat, kommt in den Boden wie ein Samen in die Erde. Der Same beabsichtigte überhaupt nicht, dorthin zu kommen, wurde aber vom Wind getragen und fallen gelassen. Der Same der hohen Föhre kann z. B. an einen Ort getragen werden, wo es kein Wasser gibt. Verkrüppelt, durstig und hungrig muß er in der Qual der Hölle leben.

Was kann ein Mensch dafür, wenn er den Verstand eines Philosophen hat, aber die Hand eines Kriegers? Diese zwei Naturen sind gemäß seinem Karma in ihm. In unserem Körper leben immer alle Naturen zusammen, und jedes Element lebt ein anderes Karma. Das Karma im *vipaka-vijnana* ist weder schlecht noch gut. Nur das Karma, welches man im *mano*-Bewußtsein erzeugt, kann böse oder gut genannt werden, weil diesem die Absicht des Tuns zu Grunde lag.

In diesem Sinn sollt Ihr Karma verstehen und darüber nachdenken.

# DIE TRANSZENDENTALE WELT *Ich gab alle Begehren auf. Ich legte alle Worte, mit denen ich dachte, weg und verharrte in Ruhe.*

Was ist das für eine merkwürdige Sache, die „transzendentale Welt"? Wir haben die Welt, in der wir leben, aber wo ist diese sog. transzendentale Welt? Jeder von uns hat diesen Namen schon gehört. Schon als Kinder haben wir Leute gesehen, die seltsame Dinge tun, wie Händefalten, meditieren, den Kopf kahl rasieren und merkwürdige Gewänder tragen. Deine Schwester ist vielleicht Nonne geworden und hält sich in einem Kloster verborgen, ohne jemals herauszukommen. Wenn die Eltern sie besuchen, sprechen sie mit ihr vielleicht nur durch ein kleines Fenster. Oder ein junger Mensch geht eines Tages in die Wälder und kehrt nie wieder nach Hause zurück. Oder ein Herr mit einem seltsamen Kragen besucht euer Haus und redet und bittet die Eltern um eine Geldspende; und nächstes Jahr sieht man um die Ecke ein neues Gebäude mit einem spitzen Turm. Was tun sie alle? Warum machen sie so seltsame Sachen? Sie nennen es Religion, aber es sieht aus, als seien sie verrückt. Man kann sie überhaupt nicht verstehen.

Die Pfarrer in der Kirche sprechen über etwas, das wir nicht verstehen können. Es hat nichts mit Politik, Geldgeschäften oder Erziehung zu tun. Sie erzählen uns, daß es eine Welt gibt, die anders ist als diese Welt, und sie nennen sie die ,,transzendentale Welt". Sie bekennen zwar, diese Pfarrer, daß sie diese Welt noch nicht gesehen haben. Fragst du dann deinen Vater, sagt auch er, er wisse nicht, was es ist. Die Mutter sagt, sie habe von dieser Welt gehört, aber sie sei an einem weitentfernten Ort, der den Menschen sehr schwer zugänglich sei. Und so können wir nicht verstehen, was diese transzendentale Welt ist. Als ich ein Kind war, liebte ich es, Märchen zu lesen und zu träumen. Wenn ich allein war, stellte ich mir oft vor, daß mich eine Fee besuchte und übertrug die Vorstellung in mein Spiel. Eine der Geschichten, die ich las, erzählte von der Existenz einer seltsamen Feenwelt. Sie begann damit, daß ein Kind eines Tages einen wunderbaren Schmetterling sah und ihn mit seinem Netz zu fangen versuchte. Doch der Schmetterling flog weg, seine Flügel langsam auf und ab schwingend. Das Kind folgte ohne Unterlaß und versuchte wieder und wieder, den Schmetterling zu fangen. Es war ganz und gar in diesen einen Wunsch vertieft. Schließlich war es ganz erschöpft und legte sich nieder, um ein Weilchen zu schlafen. Als es die Augen wieder öffnete, fand es sich in einer unbekannten Welt. Junge Frauen, die seinen Schwestern ähnlich sahen, erschienen und führten es in einen schönen Palastgarten. Der Garten lag im blauen Schatten alter hoher Bäume, und alle Anwesenden sprachen in einer seltsamen Sprache, die das Kind nicht verstehen konnte.

Die Leute dieser Welt, die über die transzendentale Welt sprechen, stellen sich diese wie jene Welt im Märchen vor. Sie wünschen, sie zu finden und in Ekstase aufzugehen. Deshalb gehen sie am Sonntagmorgen zur Kirche, hören der Predigt des Pfarrers zu und singen Hymnen. Ihre Stimmen vibrieren in den Kathedralen, und sie versuchen, die transzendentale Welt dort zu verwirklichen. Dann, wenn sie aus der Kirche herauskommen, verschwindet die transzendentale Welt ganz plötzlich. Sie finden sich wieder in der Straßenbahn auf dem Weg nach Hause. Hartnäckig behaupten sie, daß es eine andere Welt in dieser Welt gibt, doch sie können sie nicht finden — wenn jemand sie gefunden hat, spricht er nicht mehr darüber, er sagt höchstens, daß er sie kennt und darin lebt.

,,Das ist absurd", sagt Ihr, ,,er ißt mit mir Frühstück am selben Tisch. Wie kann er behaupten, er sei in der transzendentalen Welt?" ,,Wie, er sagt, sein Geist sei in der transzendentalen Welt? In diesem Fall müßte sein Geist ja außerhalb seines physischen Körpers leben. Ich glaube das nicht. Was mich anbetrifft, ich arbeite den ganzen Tag lang, esse drei mal im Tag, und am Abend gehe ich zu Bett — das ist genug. Ich brauche keine transzendentale Welt."

Was ist diese transzendentale Welt? Ihr habt sie erfahren — Ihr habt jene Leute gesehen, die in die Kirche gehen, Weihrauch verbrennen, die Hände falten, Hymnen singen, den Schädel rasieren oder Münzen über den Altar schütten. Ihr seht es aktuell vor Euren Augen, und doch könnt Ihr nicht erklären, was sie tun.

Einmal, in alter Zeit verließ ein Mann die Stadt und ging in die endlose Wüste, die nicht einmal ein Kamel durchqueren kann, auch kein Elefant. In dieser Wüste fastete er 27 Tage lang und trank aus einer Quelle. Dann, plötzlich wurde er vom Licht des Himmels getroffen und sah die transzendentale Welt. Er kam in ein Schafsfell gekleidet zurück in die Stadt und rief: ,,Das Königreich des Himmels ist nahe."

Ich habe ähnliche Geschehnisse gesehen. Aus einem japanischen Dorf verschwand eines Tages ein Mann, der von Tür zu Tür Brennholz zu verkaufen pflegte. Seine Frau und Kinder weinten. Eines der Kinder erzählte folgendes: „Vor drei Jahren kam ein Mönch aus den Bergen hier vorbei. Seine Haut war rauh, seine Augen schimmerten. Er sprach mit Vater, und als dieser heimkam, sagte er zu mir: ,Mein Sohn, in drei Jahren wirst du mit der Schule fertig sein, dann kannst du meine Arbeit tun.' Nun sind diese drei Jahre vorüber. Der Mönch aus den Bergen kam wieder vorbei, und Vater ist verschwunden." Etwa 15 Jahre später sah der Sohn seinen Vater bei einem Fest unter den Bergmönchen, aber der Vater erkannte ihn nicht, denn er lebte in der transzendentalen Welt. Sie sahen sich gegenseitig, aber sie lebten in verschiedenen Welten. „Vater erkennt mich nicht." Diese transzendentale Welt war sehr wirklich für ihn — der Sohn konnte nicht anders, als an ihre Existenz zu glauben.

Ja, es gibt eine transzendentale Welt! Wie kann man hineinkommen? Es gibt einen Weg dazu.

Wenn jemand mich fragen würde: „Sind Sie in diese Welt eingetreten?", würde ich antworten: „Ja." Sollte er weiter fragen: „Sind Sie noch darin?", würde ich sagen: „Nun, ich bin nicht heraus gekommen." „Oh, Sokei-an, Sie machen Spaß! Sie sind hier und sprechen mit mir, mit Ihrer Brille, Ihrer Nase, Ihrer Stimme... Wie können Sie in der transzendentalen Welt sein?" Ich kann es nicht erklären. Ich kann Euch nur sagen, daß ich in der transzendentalen Welt bin, Ihr aber noch nicht. Ich bin hier bei Euch, ich kann Euch sehen, aber Ihr könnt mich nicht sehen — den Mann, der in der transzendentalen Welt lebt.

Eure Welt und meine Welt sind nicht dieselbe. Eure Welt ist Eure Welt und meine Welt ist meine. Ihr habt Eure Welt gemäß Eurem eigenen Geist und Euren Sinnen geschaffen, Euer Geist ist nicht mein Geist, und Eure Sinne sind nicht meine Sinne. Ich lebe in einer anderen Welt als Ihr. Daß es verschiedene Welten gibt, kann sehr einfach bewiesen werden: der Hahn lebt in der Hahnenwelt, der Hund lebt in der Hundewelt, der Mensch lebt in der Menschenwelt. Die Wirklichkeit, die vor ihnen steht, ist dieselbe, aber die Welt die ihren Sinnen erscheint, ist nicht dieselbe.

Es muß für Euch merkwürdig klingen wenn ich sage, daß meine Welt meine ist und Eure Welt Eure. Wir leben in einer gemeinsamen Welt, das ist wahr, aber wenn wir sorgfältig nachfragen, stellen wir fest, daß Ihr meine Welt nicht kennt und ich die Eurige nicht, es sei denn Ihr lebt in der transzendentalen Welt. Dort, in der transzendentalen Welt pflichtet jeder Einzelne bei, daß diese Welt für alle dieselbe ist.

Die Leute fragen mich manchmal: „Sokei-an, Sie haben die transzendentale Welt erfahren und sind immer noch dort. Wie fühlen Sie sich?" Ich antworte: „Da ich in meinen zwanziger Jahren in die transzendentale Welt eintrat und seither dort lebe, habe ich wenig Erfahrung mit der anderen Welt."

Wie kam ich hinein? Ich werde Euch die Wahrheit sagen: eines Tages wischte ich alle Vorstellungen aus meinem Geist. Ich gab alle Begehren auf. Ich legte alle Worte, mit denen ich dachte, weg und verharrte in Ruhe. Ich fühlte mich etwas seltsam — so, als ob ich in etwas hinein getragen worden wäre oder als ob ich eine mir unbekannte Macht berührte. Ich war schon früher nahe daran gewesen, ich hatte dies schon mehrmals erfahren, aber jedesmal habe ich den Kopf geschüttelt und bin davon weggerannt. Diesmal beschloß ich, nicht davon zu rennen, und — zt-t-t — trat ein. Ich verlor die Begrenzung meines physischen Körpers. Ich hatte noch meine Haut, natürlich, aber mein Körper reichte bis an den Rand des Universums.

Ich ging zwei, drei, vier Meter weit, aber ich stand in der Mitte des Kosmos. Ich sprach, aber meine Worte hatten ihren Sinn verloren. Ich sah Leute auf mich zukommen, aber alle waren derselbe Mensch, alle waren mich selber! Seltsam — ich hatte diese Welt vorher nie gekannt. Ich hatte geglaubt, ich sei geschaffen worden, aber nun mußte ich meine Meinung ändern: ich war nie geschaffen worden, ich bin der Kosmos, es gibt keinen individuellen Herrn Sasaki.

Ich kam vor meinen Lehrer. Er schaute mich an und sagte: „Erzähle mir von deiner neuen Erfahrung, deinem Betreten der transzendentalen Welt." Antwortete ich ihm? Hätte ich ein einziges Wort gesagt, wäre ich aus der neuen Welt, die ich eben betreten hatte, herausgetreten. Ich schaute meinen Lehrer an. Er lächelte. Auch er sagte kein Wort.

Im Nachhinein realisierte ich, daß es starker Eitelkeit bedurfte, um dies zu erreichen. Denn, einige Jahre früher, mit 17 Jahren, war ich auf die zwei Worte „subjektiv" und „objektiv" gestoßen. Ha! Seitdem floß mein Denken wie Wasser, und ich wurde ein für das alltägliche Leben untauglicher Junge. Meine Mutter sagte mir später, daß sie manchmal gedacht hatte, ich würde wahnsinnig werden und sterben. Doch dann sah sie, daß ich irgendwo angelangt war und war beruhigt.

Nun erkannte ich, daß jene Menschen der Vergangenheit, die ihr Heim verlassen hatten, um in den Wäldern oder Klöstern zu leben und jene Väter, die von der Straßenecke mit den Bergmönchen weggingen, alle erwarteten, irgendwo anzugelangen. Ich verstand, daß es so einen Ort *gibt,* in den man eintreten kann und eine neue Welt findet.

Von der neuen Welt aus beobachte ich diese Welt. Ich genieße diese Welt sehr. Ich genieße sie in günstigen Umständen und in widerlichen Umständen. Ich genieße sie in Freud und Leid. Ich habe keine Angst vor dem Tod. Das ist eine leichte Welt für mich. Ich verstehe jene religiösen Leute und ihren Geisteszustand, was sie tun und was sie suchen.

Es gibt nur einen Schlüssel, der die Türe zur neuen, transzendentalen Welt öffnet. Ich kann kein einzelnes Wort in Eurer Sprache finden, doch durch die zwei Worte „glänzende Trance" kann ich es vielleicht andeuten: in dieser klaren kristallisierten Trance — zt-t-t — tritt man in die transzendentale Welt ein.

In einem Augenblick geht man hinein, und in einem Augenblick wird die Sicht völlig anders. Dann versteht man, warum Menschen Kirchen bauen, Hymnen singen und seltsame Dinge tun.

Ja, es gibt eine andere Welt.

## DIE FÜNF ÜBERNATÜRLICHEN KRÄFTE

*Es gibt einen Ort, wo Ihr Eure Seele für immer bewahren könnt. Es ist weder der Himmel noch der Ozean, weder Stein noch Erde.*

Ein Eremit namens „Weißer Lehm" hatte durch die lange Meditationspraxis die fünf übernatürlichen Kräfte erlangt. Der erste ist die Kraft, den physischen Körper willentlich in viele verschiedene Zustände zu verwandeln. Ein Mensch, der diese Kraft hat, kann durch ein Schlüsselloch gehen, auf dem Wasser eines Sees gehen, den klingenden Gong in einem weitentfernten Tempel anhalten, ein Segelboot in einem fernen Ozean anhalten oder den Hurrikan besänftigen, so wie es von Christus in der Bibel gesagt wird. Er kann ein Ding in fünf Millionen Dinge verwandeln und fünf Millionen Dinge in eines, er kann 5000 Mönche in einem 3 m² großen Zimmer unterbringen. Ihr Christen nennt dies Wunder.

Der zweite ist die Kraft, durch alles hindurch zu sehen bis ans Ende des Universums, in viele Richtungen zugleich, durch Ziegelsteinwände, Felsen und Erde dringend.

Die dritte Kraft ist, alles zu hören. Ein Mensch, der diese Kraft hat, kann noch immer den Gong hören, der seit Buddhas Zeit durch den Raum hallt. Dieser Gong gibt alle Sutras wieder, welche die Lehrreden des Buddha enthalten. Jemand, der diese Kraft hat, kann diese Rezitation hören und ihre Bedeutung verstehen.

Die vierte ist die Kraft, durch Vergangenheit, Gegenwart und Zukunft zu sehen, und durch die fünfte Kraft kann man den Geist anderer Menschen durchschauen. Wer warst du in der Vergangenheit? Bevor Mutter und Vater waren, wer warst du? Was warst du? In Zukunft, nach deinem Tod, was wirst du sein? In welchem Zustand ist dein Geist, ist er erleuchtet oder nicht?

Es gibt viele Bilder von Heiligen, die im Besitze dieser Kräfte waren. Einige Heilige wurden z. B. mit einer Schale in der Hand dargestellt, aus welcher ein Drache zum Himmel aufsteigt. Oder sie blasen in die Hände, aus welchen ihr zweites Ich zum Himmel aufsteigt. In anderen Darstellungen geht ein Heiliger auf dem Wasser oder durch eine Wand oder schlüpft in eine riesige Säule. Wieder ein anderer hält einen Sturm an oder erweckt einen toten Mann.

Auch Ihr könnt diese Kräfte durch Meditation erlangen. Eure eigene Erkenntnis liefert Euch den Beweis für das, was andere durch Meditation erkannt haben. Es ist natürlich unmöglich, diese Erkenntnis mit Hilfe der physischen Augen und Ohren oder des mentalen menschlichen Verstandes zu beweisen. Doch nachdem Ihr in der Meditation den menschlichen Körper abgeschüttelt habt, könnt Ihr den übernatürlichen Körper erreichen und in das *samadhi* eintreten, in welchem man diese fünf übernatürlichen Kräfte zum Ausdruck bringen kann. Doch der Geist der blinden Zenschüler ist so schmutzig, daß es nicht wundert, wenn sie nicht wissen, wie dies zu verstehen ist. Da sie die Beschreibung dieser Kräfte im Sutra von ihren menschlichen Vorstellungen her betrachten und sie aus ihren menschlichen Begehren heraus zu manifestieren versuchen, können sie nicht in dieses *samadhi* eintreten, um diese Kräfte zu verwirklichen. Manchmal jedoch kann ein Mensch von klarem Geist und aufrichtiger Natur unverzüglich eintreten.

„Weißer Lehm" flog mit seinen fünf übernatürlichen Kräften täglich wie ein Vogel durch den Himmel und ließ sich beim Königspalast nieder, um sein Mittagsmahl einzunehmen. Eines Tages verbeugte sich die Königin vor ihm und ergriff, entsprechend der Sitte jenes Landes, seine Füße und hob sie an ihre Stirne. Als die Hand der wunderschönen Königin die Füße des Eremiten berührte, verlor dieser seine fünf übernatürlichen Kräfte. Nun konnte er nicht mehr durch den Himmel zurückfliegen und war gezwungen, den König zu bitten, ihm sein Pferdegespann zu leihen, um damit zurück zu kehren.

Armer Eremit! Warum hatte die Hand einer Frau solch magische Gewalt über ihn? Wie konnte ihn eine Hand seiner übernatürlichen Kräfte berauben?

Im Zustand, in welchem man diese fünf übernatürlichen Kräfte hat, wird keine phänomenale Welt zugelassen. In der Vorstellung der Person, die sich in diesem Zustand befindet, gibt es keine phänomenale Welt. Alles steht über der phänomenalen Existenz. In diesem Zustand ist Materie nicht Materie. Versteht Ihr, daß man in diesem bestimmten *samadhi* durch Steinwände schlüpfen, auf dem Wasser gehen oder durch den Himmel fliegen kann? Denn dies geschieht nicht in der phänomenalen, materiellen Existenz, sondern in der geistigen, übernatürlichen Existenz. In diesem Zustand ist das, was man ißt, nicht eine Kartoffel, sondern vielleicht ein goldener Apfel. Man lebt mit Göttern und Göttinnen und sieht nie ein menschliches Wesen. Man steigt zum Königspalast hinunter, um das Papulum, das Mittagsmahl, einzunehmen. In diesem *samadhi* läßt der Mönch die Existenz der rein materiellen Welt, die man mit dem physischen Auge sieht, nicht zu. Er will Maya töten, Maya als die Schöpferin der Erscheinungen und des physischen Körpers.

Als der Eremit die Berührung der Königin spürte, erkannte er die physikalische, materielle Welt. Er öffnete sein physisches Auge und zweifelte. „Ich sehe diese schöne Frau ganz aktuell vor mir", grübelte er, „wie kann ich dies mit meinem eigenen Verstehen vereinbaren." Denn bisher hatte es zwischen seinem Verstehen und der materiellen Welt, die er mit den physischen Augen sah, keine Beziehung gegeben. Sein Verstehen und die materielle Welt hatten nichts gemeinsam, sie hatten nichts miteinander zu tun.

Wenn jemand zweifelt, verliert er. Im Zustand, in welchem man die fünf übernatürlichen Kräfte hat, verschluckt man das Universum in einem Schluck, doch wie verhält es sich mit einem Glas Milch? Da gibt es eine Kluft. Als der Eremit an diese Kluft kam, verlor er seine intuitive Kraft. Er ergab sich. Er mußte wieder auf seinen Füßen gehen, Schritt für Schritt, und mußte mittels seiner Vernunftskraft nach Hause zurückkehren, in einem Wagen auf der Erde von sechs Pferden gezogen. Die sechs Pferde bedeuten: Augen, Ohren, Nase, Mund, Berührung und denkender Geist. Der Eremit erreichte sein Heim wie ein Philosoph, gezogen vom vernunftsmäßigen Denken. Was nun?

Der arme Eremit ging in den Wald tief in den Bergen und versuchte, durch Meditation die fünf übernatürlichen Kräfte zurückzugewinnen. Er saß ruhig unter den Bäumen im Dschungel seiner Gedanken. (Der Baumstamm bedeutet Monismus, zwei Äste bedeuten Dualismus und ein Stamm mit mehreren Ästen steht für Pluralismus.)

Plötzlich flog ein mysteriöser Vogel auf und stieß einen grellen Schrei aus. Der Eremit erwachte aus der Meditation und ging tiefer in die Berge hinein, bis er zum See von *arupadhatu* kam, dem höchsten See im Zentrum des Himalayagebirges (der höchste mentale Zustand). Dort saß er an der spiegelglatten Wasseroberfläche und meditierte. Was bedeutet diese glatte Oberfläche des Spiegelsees in Eurem Himalayagebirge? Es ist *jnana*, Bewußtsein.

Gerade als der Eremit dabei war, die fünf übernatürlichen Kräfte wieder zu gewinnen, sprang ein Fisch auf. Durch dieses Geräusch fiel der Eremit aus der Meditation heraus und wurde ärgerlich. Das hinderte ihn abermals daran, seine übernatürlichen Kräfte zurückzugewinnen. „In meiner nächsten Inkarnation werde ich alle Vögel und Fische vernichten", schwor er.

In der Sprache des buddhistischen Unterbewußtseins stellen Vögel Geistesinhalte und Fische das Unterbewußtsein (*samskara*) dar. In seinem Ärger beschloß der Eremit, diese auszurotten.

Dann endlich betrat der das *samadhi* im höchsten Zustand von *arupadhatu*, wo er seine fünf übernatürlichen Kräfte zurückgewann.

Aber dieser Zustand ist, obwohl der höchste von *arupadhatu*, vorübergehend, er dauert nicht ewig. Ein Augenblick in diesem Zustand kann einem wie eine Million Jahre oder auch bloß wie ein Bruchteil einer Sekunde der menschlichen Zeit erscheinen. Doch er kommt zu einem Ende. Mit Hilfe seiner Konzentrationskraft gelang es dem Eremiten, sein Leben in diesem *samadhi* zu beenden. Hier, an diesem höchsten Punkt des *samadhi*, endete also das Leben des armen Eremiten, und er nahm eine neue Form an. Es war die Form eines Eichhörnchens. In dieser Form hüpft er nun von Baum zu Baum, lehrend, und über Himmel und Hölle sprechend. Ich kenne einige Lehrer, die wie er von einem Thema zum anderen springen.

Eines Tages muß er den wahren Boden seiner Seele berühren. Dann muß er seinen eigenen Körper als das sehen, was er ist —

ein Eichhörnchen. Dann wird er sich daran erinnern, daß er in seinem Ärger die Vögel und Fische, die seine Meditation störten, töten wollte. Damals verneinte er jeden Gedanken, alles vernünftige Denken, alle Geistesinhalte. Er wollte alle Vögel töten — alle Lieder, jede Musik. Er verschloß sein Auge für alles Schöne, das ihn umgab, und fiel deshalb in die Hölle — das war sein Ende.

Nachdem der Buddha diese Geschichte erzählt hatte, schaute er seine Schüler an und sagte: „Alle philosophischen Lehren bestehen nur aus Gedanken, und die Lehrreden aller Buddhas sind alle unvollkommen. Auch wenn Ihr absolute Freiheit des Körpers und alle Stadien des *samadhis* erreicht habt und die fünf übernatürlichen Kräfte besitzt, so seid Ihr trotzdem noch nicht in der Wirklichkeit. Eure Tugenden sind erst wahr, wenn Ihr den sechsten übernatürlichen Zustand erreicht habt. Dieser Zustand heißt *ashravasksa-jnana*. In diesem Stadium fließt nichts mehr aus dem Geist aus. Das ist wahre Vernichtung."

In der Meditation könnt Ihr den höchsten Zustand erlangen, aber wenn Ihr das physische Auge wieder öffnet, seid Ihr wieder in der Erscheinungswelt, und seht den eigenen Körper, welcher ein tierischer Körper ist. Obwohl dies das höchste Meditationsstadium ist, befindet Ihr Euch noch nicht in der Wirklichkeit.

Wenn Ihr dagegen *ashravasksa-jnana* erreicht habt, existiert auch mitten in den Erscheinungen nichts. Ihr seht Sterne, Blumen, Männer und Frauen, doch alle drei Welten (Vergangenheit, Gegenwart, Zukunft) sind leer. Nichts beunruhigt Euch. Ihr steht auf dem ewigen Grund Eurer Seele.

Wenn Ihr diese übernatürliche Kraft nicht erlangt, nützen die anderen fünf nichts. Es ist falsch, die Wirklichkeit mit den Augen sehen oder mit den Ohren hören zu wollen. Man kann die Wirklichkeit nicht sehen. Den Zustand, über den der Buddha sprach, kannte nicht einmal er. Also wurde es Mahakasyapa niemals von Buddha gegeben. Es gab nichts zu übertragen. Also war die Übertragung aller Zenmeister — was? Ich weiß es nicht.

*Die sechste übernatürliche Kraft*

Der Buddha sagte: „Es gibt einen Ort, wo Ihr Eure Seele für

immer bewahren könnt. Es ist weder der Himmel noch der Ozean, weder Stein noch Erde. Wißt Ihr, wo Ihr Euer Leben immerwährend bewahren könnt?"

Das ist eine sehr große Frage. Im Zenstudium behandeln wir solche Fragen als Koan: „Wenn die Todesqual eintritt, wie kannst Du Dich davon befreien?"

Im Todeskampf kannst Du kein Wasser trinken, keine Medizin einnehmen, kannst nicht das Gesicht Deiner Frau oder Deines Kindes sehen oder die Stimme eines Freundes hören. Diese Aussage beruht nicht auf Philosophie oder Metaphysik. Es ist eine Tatsache, und eines Tages wirst Du dieser Tatsache gegenüber stehen und solltest wissen, was tun.

Es ist so, wie wenn man seine Hand in die Rocktasche steckt und den letzten Pfennig findet. Man fragt sich: „Was muß ich nun tun?"

Es ist sehr wichtig, wie man in diesem letzten Augenblick denkt, wie man ihn annimmt. Wenn Du Dich in diesem letzten Moment am Boden windest oder die Hand Deines Kindes hältst oder nach Gott rufst, ist das nicht gut. Dein Körper mag sich in Krankheit winden, aber Dein Geist darf sich nicht winden.

Ein chinesischer Mönch wurde von einem Boten der Hölle, einem Dämon, aufgesucht, welcher sagte: „Ich habe den Befehl von Yama, dem König der Hölle, dich zu holen. Komm' mit mir in die Hölle!" Der Mönch erwiderte: „Oh, ich bin so beschäftigt, ich habe die Erleuchtung noch nicht erlangt. Bitte gib mir noch drei Tage lang Zeit." Der Bote ging zurück in die Hölle und erzählte Yama, was der Mönch gesagt hatte. Yama wurde darob sehr zornig und befahl dem Dämon, unverzüglich zurückzugehen und den Mönch zu ergreifen. „Wenn er erleuchtet ist", sagte er, „wirst du ihn nicht mehr finden können." Der Dämon stieß mit seinen schwarzen Flügeln durch die Erde und ging erneut zum Tempel des Mönchs. Der Mönch war nicht dort. Der Dämon durchsuchte Himmel und Erde, das ganze Universum, doch er konnte den Mönch nicht finden. Nachdem dieser die Erleuchtung erreicht hatte, war er vollkommen verschwunden. Kein Engel des Himmels und kein Dämon der Hölle konnte ihn finden.

Das ist die Kraft, den eigenen Geist zu vernichten, ohne den physischen oder mentalen Körper zu verändern. Das ist eine merkwürdige Kraft. Wenn diese Kraft gewonnen ist, ist das Studium des Buddhismus abgeschlossen. Bevor es soweit ist, kann man nicht sagen, man habe Erleuchtung erreicht.

## DER FUCHS IM BRUNNEN
*Wenn Ihr aufwacht, schlaft Ihr nicht, und wenn Ihr schlaft, seid Ihr nicht wach. Wie verbindet man diese zwei Zustände zu einem und ergreift ihn?*

Ein Mönch, der in einem Wald in der Gegend von Kosala lebte, hatte die fünf übernatürlichen Kräfte erlangt, war aber immer noch unfähig, die Leiden in seinem eigenen Geist aufzugeben. Es fehlte ihm die Kraft, Leerheit zu verstehen, wodurch man seine eigene Existenz vernichten kann.

Eines Tages ging er bei Sonnenaufgang in den Wald zu einem nahegelegenen Brunnen. Dort angelangt, ergriff er das Seil, um den Eimer voll Wasser hochzuziehen. Doch dieser war schwerer als gewöhnlich. Der Mönch schaute in den Brunnen, und in der Dunkelheit sah er etwas im Eimer sitzen, das ihn mit zwei leuchtenden grünen Augen anschaute. Die Angst packte ihn. Was war es? Ein Preta? Ein Dämon? Ein böser Geist? Er spähte in das Dämmerlicht und entdeckte, daß es ein Fuchs war. Dieser war in der Nacht gekommen, um Wasser zu trinken. Doch das Seil war ins Gleiten gekommen und hatte den Eimer mitsamt dem Fuchs in die Tiefe gezogen. Da saß er nun und versuchte vergeblich, aus dem Brunnen zu klettern. Als er jemanden kommen hörte, dachte er: „Nun wird es Tag, der Bauer wird kommen und mich finden. Er wird sich vor mir fürchten und mich verletzen oder töten." Und er schaute auf in das Gesicht des Mönchs. „Auch du hast Angst vor mir", dachte er „du kannst kein Wasser trinken so lange ich hier bin. Warum befreist du mich nicht vom Boden des Brunnens und läßt mich gehen?" Der Mönch las die Gedanken des Fuchses und machte folgendes Gedicht:

Die Sonne der Weisheit, Tathagata, geht auf.
Sie hat die Baumwipfel verlassen, und nun spricht leeres Dharma.
Lange Zeit hatte ich Angst vor meinem eigenen Geist.
Nun lasse ich ihn gehen.
Dann zog er am Seil und ließ den Fuchs gehen. Als der Fuchs ging, erreichte der Mönch die letzte Erleuchtung und wurde ein Arhat, ein Heiliger.

Dieses Sutra ist sehr liebenswürdig. Später brauchten die Mahayanisten hundert Seiten, um das Gedicht zu erklären, doch das Sutra selber enthält nur neun Zeilen, das ist alles. Wenn Ihr angekommen seid, könnt Ihr durch dieses Sutra hindurchsehen. Mit einem erleuchteten Geist könnt Ihr es zweifellos verstehen.

„*Die Sonne der Weisheit...*": im Mahayana Buddhismus wird Buddha durch die Sonne, *Vairochana*, symbolisiert. Die materielle Sonne scheint am Tag, doch Buddha, die universelle Sonne, scheint Tag und Nacht. Sie ist Weisheit, *Tathagata*, die Wirklichkeit aller Existenz. Sie ist Eure Erleuchtung.

„*... geht auf*": Shakyamuni Buddha wurde geboren und erhebt sich nun, um uns die Zerstörung unserer Geistesdunkelheit zu lehren.

„*Sie hat die Baumwipfel verlassen...*": So wie die Sonne aus dem Wald aufsteigt, so wie Shakyamuni aus der Dunkelheit aufsteigt, so verläßt meine eigene Erleuchtung die Baumwipfel und

„*nun spricht leeres Dharma*": leeres Dharma bedeutet Buddhas Buddhismus, *sunyata*, Leerheit.

Ihr könnt, ohne Euch physisch zu verändern, Eure eigene Gestalt ändern. Im Tiefschlaf ist Euer eigenes Selbst vernichtet — jemand anders kann sehen, daß Ihr da seid, doch Ihr selber seid nirgends. Natürlich ist das nicht Erleuchtung, weil Ihr schlaft. Doch mit dem erleuchteten Geist müßt Ihr genau diesen Augenblick packen. Das ist schwierig, sicher. Wenn Ihr aufwacht, schlaft Ihr nicht, und wenn Ihr schlaft, seid Ihr nicht wach. Wie verbindet man diese zwei Zustände zu einem und ergreift ihn? Es handelt sich bei dieser Frage natürlich um das wesentliche tiefgründige Prinzip des Buddhismus. Der Sechste Patriarch verglich es mit dem Licht der Flamme und dem Körper der Flamme.

Der unbewußte Zustand ist die Flamme, und Weisheit ist das Licht der Flamme. Die Flamme und das Licht müssen eins sein, doch Ihr haltet sie für zwei getrennte Erscheinungen und könnt diesen Augenblick deshalb nicht erfassen. Packt Ihr ihn, dann ist es leeres Dharma. Wenn Ihr in den Körper der Flamme eintretet, erkennt Ihr dieses leere Dharma. Solange Ihr von außen zum Licht schaut, könnt Ihr nur den Ausdruck finden, nur das Wort „leer". Das ist nicht wirkliche Leerheit, sondern eine Vision, ein Traum. Ihr müßt die Vision der Leerheit, den Traum, zerstören. Es ist nicht Wirklichkeit. Kratzt dieses „leer" ab, und Ihr könnt die wirkliche Haltung eines Zenschülers annehmen. Denkt nicht an Leerheit! Vergeßt diese Leerheit, dann kommt Ihr der Leerheit sehr nahe.

*„Nun spricht leeres Dharma"*: die Sonne am Himmel verläßt die Baumwipfel und scheint hell. Sie predigt eine ewige Predigt der Leerheit, ausstrahlend durch den ganzen Raum und alle Zeit.

*„Lange Zeit hatte ich Angst vor meinem eigenen Geist"*: da war etwas in seinem Geist — Ego, Selbstbewußtsein, Selbstheit. Er konnte seine eigene Existenz nicht vernichten. „Ich" ist wie ein großer Eisennagel, der von Kopf bis Fuß durch den Körper geht. Der Mönch fürchtete dies. Es muß vernichtet werden, aber er konnte diese Ichheit durch seine Meditation nicht zermalmen, und so konnte er nicht durch diesen letzten Eingang gehen. Doch als er den Fuchs gehen ließ, in diesem Moment, gab er das Selbst auf.

*„Nun lasse ich ihn gehen"*: er erreichte Erleuchtung.

Dies ist ein kurzes Sutra, doch es ist sehr genau und zutreffend.

# DAS SOSEIN
*Wenn Ihr beginnt, der gegenwärtigen physischen Form der Menschen keine Beachtung zu schenken, und statt dessen die Summe der Bewußtseinselemente beobachtet, wird das menschliche Leben eine interessante Welt für Euch.*

Es gibt ein Sutra, dessen Titel auf Pali „Ogha" lautet. „Ogha" bedeutet ungefähr dasselbe wie das Sanskritwort *„tatha"*.

„*Tatha*" wurde von D. T. Suzuki als „suchness", „Sosein" übersetzt. Doch der amerikanische Ausdruck „isness", „Istsein" scheint mir treffender. Zwar kann ich diesen Ausdruck in keinem Wörterbuch finden, bin ihm aber in philosophischen Schriften begegnet und habe ihn oft gehört. Ich vermute deshalb, daß es kein offizieller Ausdruck ist; vielleicht wurde er von einem Theosophen erfunden. Was damit gemeint ist, zeigen folgende Zeilen aus dem Sutra des sechsten Patriarchen: „Wenn ich mein eigenes Gesicht betrachte, muß ich feststellen, daß ich zwei Augen, eine Nase und einen Mund habe." Das ist „Istsein."

Hier ist mein Stock. Ihr bezeichnet ihn als rot. Ein Wissenschaftler könnte sagen, er bestehe aus einer bestimmten Wellenlänge oder ätherischen Schwingung. Doch wie man ihn auch nennen mag, er ist *das* (Sokei-an schlägt den Gong damit). Ihr mögt einwenden, es sei nicht nötig, solch technische Wörter wie Wellenlänge und Schwingung heranzuziehen, Rot sei einfach Rot, und folglich sei Rot „Istsein".

Im Anfangsstadium des Zenstudiums müßt Ihr Eure bisherigen Vorstellungen zerstören. Denn gewöhnlich beobachtet man die Dinge nicht so, wie sie wirklich sind. Jeder, der Kunst studiert, weiß das. Ein angehender Künstler skizziert z. B. zur Mittagszeit einen Baum und bringt den Entwurf ins Studio zum Lehrer. Dieser fragt: „Was ist denn das, wo ist der Schatten?" Der Student erkennt, daß es ohne Schatten kein Licht gibt. Am nächsten Tag fertigt er eine neue Skizze an, die sowohl das Licht als auch den Schatten zeigt. Der Lehrer fragt: „Wie spät ist es hier? Man kann es nicht sehen, der Schatten des Baumes zeigt die Zeit nicht."

Als ich vor ungefähr 17 Jahren (1918) bei einem japanischen Lehrer Musik studierte und zu singen begann, sagte dieser: „Laß' deine Stimme aus dem Hals kommen!" Wo war meine Stimme? Ich konnte sie nicht aus dem Hals kommen lassen. Nachdem ich zwei oder drei Monate lang geübt hatte, erkannte ich eines Tages plötzlich, daß die Stimmen meiner Mutter und meiner Cousine auch nicht aus dem Hals kamen. Es ist sehr einfach: solange man etwas nicht wirklich versteht, kann man es nicht sehen. Man lebt es nicht. Man lebt in seinen eigenen oder in fremden Vorstellungen. Man sieht „Istsein" nicht.

Das „Ogha"-Sutra ist sehr kurz und zeigt „Istsein" deutlich: Als der Buddha im *Jetavana-vihara*[1] meditierte, erschien um Mitternacht ein schöner Engel oder *deva* (sanskr. *devaputra*[2]) und stellte sich vor ihn hin. Der *deva* stellte dem Buddha folgende Frage: „Oh *Bhikshu*[3], kannst du einen schnellen Strom überqueren?" Der Buddha antwortet: „Ja, lieber *deva*." Der *deva* fragte weiter: „Kannst du einen schnellen Strom überqueren, ohne dich an etwas festzuhalten, ohne von etwas gestützt zu werden, ohne dich auf etwas zu verlassen und ohne auf irgend etwas zu stehen?" Der Buddha antwortete: „Ja, mein *deva*." Der *deva* schaute Buddha direkt ins Gesicht: „Hast du verstanden, was ich eben sagte — ohne dich auf etwas zu verlassen, ohne an etwas festzuhalten, ohne auf etwas zu stehen, kannst du so einen schnellen Strom überqueren?" Der Buddha sagte: „Ja, mein *deva*, ich verstehe, was du meinst." „Sag' mir," sagte der *deva*, „was habe ich gemeint, und wie kannst du es tun?" Der Buddha sagte: „Mein *deva*, ich trage dieses Sosein und handle durch Sosein, deshalb kann das Wasser mich nicht wegtragen. Wenn jemand dieses Sosein nicht umfaßt, nicht durch dieses Sosein geht, wird er vom schnellen Strom weggetragen. So, mein *deva*, verstehe ich dein „sich auf nichts verlassen, auf nichts stehen und den Strom überqueren." Der *deva* antwortet: „Ich habe lange Jahre nach einem Weisen gesucht. Nun habe ich Nirvana erreicht. Für mich gibt es keine Furcht mehr in der Welt, und ich realisiere meine Befreiung." Nachdem der *deva* dies gesagt hatte, verschwand er.

Ein *deva* ist ein reines Wesen und eines der fünf Wesensarten des Urbuddhismus. Diese fünf Wesensarten heißen: *maraka*[4],

---

[1] *vihara*: Garten, Park, Ort der Erholung.
[2] *devaputra*: Sohn eines Gottes.
[3] *Bhikshu*: Bettelmönch, Bezeichnung für die Anhänger Buddhas, *bhiksha*: betteln.
[4] *maraka (naraka)*: Wesen der Hölle, Mörder.

*preta, tiryagyoni*[5], *manu* und *deva*. (Im späteren Buddhismus wird *ashura*[6] als sechste Wesensart dazugezählt.) Mit *manu* ist aber nicht das aufrechtgehende, ichbewußte menschliche Wesen gemeint, denn im Buddhismus anerkennt man kein Ego. *Manu* ist wie die übrigen vier Wesensarten ein Bewußtseinszustand. In einem Hund kann ein Element von *manu* vorhanden sein, genau so, wie in einem Menschen das Element Hund vorhanden sein kann. Katzen haben gewöhnlich Elemente von *preta* und *deva* in sich. Der Buddhist beobachtet die Bewußtseinselemente der empfindenden Wesen und erkennt dadurch, was sich verkörpert hat. Wir betrachten auch das menschliche Wesen als die Summe derartiger unbewußter Elemente. Begegnen wir z. B. einem Menschen, in dessen Geist das Pferdeelement Oberhand gewinnt, sehen wir das Pferd und nicht den Menschen in ihm. Wir reduzieren alle empfindenden Wesen auf den Zustand dieser ursprünglichen Bewußtseinselemente und beobachten, welches Element vorherrscht.

Wenn Ihr beginnt, der gegenwärtigen physischen Form der Menschen keine Beachtung zu schenken, und statt dessen die Summe der Bewußtseinselemente beobachtet, wird das menschliche Leben eine interessante Welt für Euch — es wird nicht nur komplexer und subtiler, es kommt auch der Vollendung näher.

Wenn wir also sagen, ein *deva* sei im Geiste des Buddha erschienen, meinen wir, daß das *deva*-Bewußtsein als Element in den Geist des Buddha trat. Es ist, wie wenn jemand eines Morgens über einen Streit mit seinem Vater nachdenkt. Er beginnt, innerlich zu brüllen. Dann überlegt er: „Das ist das Tier in mir." In diesem Fall könnte man dies ein Gedanke oder Tagtraum nennen. Es wäre aber auch möglich, daß man dieses Tierelement nachts im Traum als Tiger sieht. Für den Buddha war der *deva* ein lebendiges Wesen, das in seinen Geist trat und sich vor ihm verbeugt. Er sagte: „Ich sah einen Engel vor mir stehen."

Es ist auffallend, daß der Buddha nicht zwischen außen und innen unterschied. Er empfand alles Leben in sich selber. Fol-

---

[5] *tiryagyoni*: vierbeiniges Wesen aus einem tierischen Mutterleib geboren.
[6] *ashura*: geistiges Wesen, Oberhaupt der Dämonen.

gende Worte aus einem anderen Sutra zeigen dies deutlich: „Wenn ich dich anschaue, sehe ich nicht mit meinen Augen. Ich schaue direkt in dein Gesicht — es gibt keine Schwelle zwischen dir und mir." Im Sutra wird deshalb gesagt, daß der ganze *Jetavana-vihara* leuchtete, als der *deva* dem Buddha erschien. Für den Buddha war derjenige, der vor ihm stand, sein eigenes Leben. Alles, was er sah, alles, was existierte, war für ihn sein eigenes Leben, sein eigenes Bewußtsein, seine eigenen bewußten Elemente, seien diese Mensch, *deva* oder Tier. Wenn jemand in einem solchen Verständnis lebt, ist sein Leben sehr interessant.

*„Wenn jemand dieses Sosein nicht umfaßt, nicht durch dieses Sosein geht, wird er vom schnellen Strom weggetragen:"* Jemand, der den Koan „Ohne von etwas abhängig zu sein, manifestiere deinen Geist!" passiert hat, versteht dieses Sosein und das „nicht vom Strom weggetragen werden". Doch ich will etwas mehr dazu sagen für diejenigen, die noch in Symbolen oder Vorstellungen leben und die Wirklichkeit nicht kennen und deshalb vom Strom weggetragen werden.

Man kann die Wirklichkeit auf zwei Arten beobachten, entweder als Wirklichkeit oder als Aktualität[7]. Natürlich sind beides Aspekte der einen Wirklichkeit. Der erste Koan „Vor Vater und Mutter — was war dein Urantlitz?" bezieht sich auf die Wirklichkeit. Doch wenn man darüber nachdenkt, ist es ein Gedanke, nicht Wirklichkeit, und das Wasser trägt einen fort. Wenn Ihr die Wirklichkeit erkennt, braucht Ihr nicht darüber nachzudenken. Wenn Ihr die Wirklichkeit aktualisiert, kann Euch das Wasser nicht wegtragen.

Der *deva* sagte: „Kannst du einen *schnellen* Strom überqueren?" Der schnelle Strom bezieht sich nicht auf den Hudson oder den Ganges. Er bedeutet die Zerstörung des Universums am Ende der Existenz. Im Buddhismus gibt es vier Katastrophen. Die erste ist das Erdbeben. Es zerstört die Hölle und die Orte, wo Menschen und Tiere leben, aber es zerstört den *devaloka*[8] nicht. Die zweite Katastrophe ist das große Feuer. Zehn Sonnen

---

[7] Die Wirklichkeit als solche einerseits und die Wirklichkeit in ihrer Aktivität andererseits (Anm. d. Übers.).

[8] *loka:* Ort, offener Raum, Welt, Teil des Universums, Himmel.

erscheinen am Himmel, und dieses Feuer vernichtet den ersten und zweiten *dhyana-loka*. Der zweite *dhyana-loka* brennt, aber die Flammen können den dritten *dhyana-loka* nicht erreichen. Und so fliehen alle Wesen, die können, in den dritten *dhyana-loka*. Dann kommt die große Flut. Das Wasserelement bedeckt das ganze Universum, einschließlich des dritten *dhyana-lokas*. Doch es kann den vierten *dhyana-loka* nicht erreichen. Es ist ein enormer Wind, ein Wirbelsturm, welcher den vierten *dhyana-loka* wegbläst und schließlich nichts mehr hinterläßt.

Jemand, der von nichts abhängig ist, überquert den schnellen Strom der Flut, die den dritten *dhyana-loka* vernichtet und tritt in den vierten *dhyana-loka* ein.

Ihr müßt erkennen, daß Ihr beim Passieren des Koans: „Ohne von etwas abhängig zu sein, manifestiere deinen Geist," den schnellen Strom überquert. Ihr seid im vierten *dhyana-loka*. In der buddhistischen Philosophie gehört dieser Zustand zu *rupadhatu*, in die Nähe von *arupadhatu*. Doch in der aktuellen Verwirklichung befindet er sich nicht in Gedanken, Träumen oder materieller Existenz, ja nicht einmal im menschlichen Reich, er befindet sich im Reich der *deva*. Dort findet man vollständige Freiheit.

# DIE DREI KÖRPER BUDDHAS

*Die Buddhisten meditieren über sich selber und dringen in die Tiefe ihres eigenen Bewußtseins ein. Dieses Bewußtsein ist wie ein Spiegel mit zwei Seiten, eine gegen außen und eine gegen das bodenlose Innere gerichtet.*

Die drei Körper Buddhas (der Dreieinige Körper von Buddha), in Sanskrit *buddhatrikaya*, sind nicht drei verschiedene Körper, sondern drei Aspekte des einen Körpers von Buddha. Sie heißen *dharmakaya*, *sambhogakaya* und *nirmanakaya*. Um die Beziehung zwischen diesen drei Aspekten zu beschreiben, wird oft das Bild des Mondes verwendet, wobei *dharmakaya* der Körper des Mondes, *sambhogakaya* das Licht und *nirmanakaya* dessen

Spiegelbild im Wasser ist. Die *trikaya*-Lehre ist eine tiefgründige Lehre, sie entspricht der Dreieinigkeitslehre des Christentums und ist ebenso schwierig zu verstehen. Ich spreche nicht gern darüber.

*Sambhoga* wurde von Monier-Williams, dem bekannten Sanskritgelehrten als „Freude" übersetzt und *sambhogakaya* als „Körper der Freude". Aber das ist nicht korrekt, „Körper der Einheit" oder „Körper des Yoga" wäre besser. Denn *sambhogakaya* steht zwischen zwei Dingen — zwischen dem Außen (Phänomen) und dem Innen (Numenon). Natürlich meine ich damit nicht, daß sich Phänomene nur außen und das Numenale nur innen befindet, ich benutze die Ausdrücke „außen" und „innen" nur behelfsmäßig, um *sambhogakaya* zu erklären.

Außerdem ist die Bedeutung von *sambhoga* eher „Reaktion" statt „Freude", denn Freude ist nur eine von vielen Reaktionen im *sambhogakaya*. *Sambhogakaya* ist unser eigenes Bewußtsein. Dieses kann nicht allein existieren, es muß mit der Außenwelt in Kontakt kommen. Wenn man Feuer berührt, ist es heiß, und man zieht die Hand schnell zurück. Diese Reaktion, dieses Erkennen der äußeren Existenz beruht auf dem *sambhogakaya*. Durch *sambhogakaya* entsteht Kontakt, „yoga", und deshalb ist dies der „Körper der Einheit" oder der „Körper des Yoga".

Im alten indischen Buddhismus findet man für das *sambhogakaya*-Bewußtsein das Bild des Spiegels. Befindet sich der Spiegel im leeren Himmel, wird auf seiner Oberfläche nichts reflektiert. Wenn der Spiegel aufhört, seine Funktion zu erfüllen, d. h. wenn er seine eigene Existenz vergißt, sich dessen nicht mehr bewußt ist, spiegelt sich nichts darin, er verschwindet. Ohne Außen gibt es kein Innen, noch gibt es etwas zwischen dem Außen und dem Innen. Das Bewußtsein, das hier Spiegel genannt wird, verbindet das Außen und Innen so, wie die Angel einer Türe oder das Glied einer Kette zwei Dinge verbindet. Deshalb wird es *sambhogakaya* genannt, der Körper, der zwei Seiten verbindet.

Wenn Ihr einer buddhistischen Predigt zuhört, müßt Ihr wissen, daß Ihr etwas über Euch selber hört. Ich rede nicht über etwas, das weit weg im Himmel ist, ich spreche über Euer eigenes Bewußtsein, über Euren eigenen Geist. Für die Buddhisten lebt

„Gott" nicht weit weg, der buddhistische „Gott" lebt in Eurem eigenen Geist.

*Sambhogakaya* funktioniert auf zwei Arten. Einerseits richtet es sich auf anderes, andererseits auf sich selbst. Die Funktion gegenüber anderem besteht darin, die Außenwelt wahrzunehmen: Berge, Flüsse, Seen, Städte, Häuser, Männer und Frauen, Pflanzen und Tiere. Es bedeutet auch, sich verschiedener Bedingungen bewußt zu sein: heute ist es heiß, ich ziehe meinen Mantel aus, heute friere ich, ich ziehe meinen Mantel an; jetzt bin ich müde, also schlafe ich usw. Die Funktion des *sambhogakaya* sich selbst gegenüber bedeutet, in seine eigene Existenz hinein zu schauen und über seine eigene Existenz zu meditieren.

Die Buddhisten meditieren über sich selber und dringen in die Tiefe ihres eigenen Bewußtseins ein. Und dieses Bewußtsein ist wie ein Spiegel mit zwei Seiten, eine gegen außen und eine gegen das bodenlose Innere gerichtet. Auf der Seite nach außen spiegelt sich vieles: Berge, Flüsse, Männer und Frauen usw. Auf der Seite nach innen spiegelt sich nur die unendliche Leerheit. Aber diese unendliche Leerheit ist nicht leer wie eine leere Flasche. Sie enthält allmächtige Kraft. Dieses feste Innere ist rein, einheitlich und unbeweglich, so daß es leer erscheint. Wenn Ihr diese Leerheit mit leerer Leerheit verwechselt, fällt Ihr in Agnostizismus und Nihilismus. *ES* ist nicht leere Leerheit, *ES* ist solide Leerheit.

*Sambhogakaya* ist Euer gegenwärtiges Bewußtsein, dessen Ihr Euch gewahr seid. Ihr habt es jetzt. *Sambhogakaya* ist axiomatisch, es beweist sich durch sich selbst. Ohne zu debattieren, ohne jegliche Beweisführung könnt Ihr an Euer eigenes Bewußtsein glauben. Solange das Bewußtsein des Babys, das eben aus dem Mutterleib kam, schläft, ist sich das Baby seiner eigenen Existenz nicht gewahr. Wenn es aber einmal wach ist, ist es sich seiner eigenen Existenz und der Existenz anderer gewahr, ohne jedoch zwischen sich und anderen zu unterscheiden. Es sieht das Gesicht der Mutter und der Großmutter, es hört die Rassel und schmeckt die Milch. Im Buddhismus ist dieses Bewußtsein „Gott". Wir nennen es Buddha. Der Gott der Buddhisten ist sehr einfach. Dieses Bewußtsein, das ich habe und das Ihr habt, ist das selbe. Es kommt aus der gleichen Quelle. Wir sehen die gleichen Formen, die gleichen Farben usw. Dieses gegenwärtige Bewußtsein wird *sambhogakaya* genannt. Denkt nicht, daß ich von etwas anderem spreche. Ich spreche vom Bewußtsein, welches Räucherstäbchen anzündet, zu Euch spricht und Wasser trinkt. Westliche Menschen nennen es „Ich". Wir nennen es nicht „Ich", wir brauchen kein „Ich", es ist *sambhogakaya*, Buddhas zweiter Körper.

Wenn Buddha Buddha als solcher ist, d. h. nicht der Buddha im physischen Körper, sondern Buddha als die Kraft des Wissens, existiert er losgelöst von allem. Dieses Bewußtsein nennen wir *sambhogakaya*-Buddha. Es hat keinen menschlichen Körper, es hat den Körper des Bewußtseins. Der Körper des Bewußtseins ist von unserem physischen Körper abstrahiert. Seine Teile heißen Wahrnehmungsvermögen, Unterscheidungsvermögen und Erkennungsvermögen. Das sind die Kräfte unseres Bewußtseins.

*Sambhogakaya* wird oft durch den Bodhisattva *Samantabhadra* (jap. Fugen) symbolisiert, welcher auf einem weißen Elefanten mit sechs Zähnen reitet. Der weiße Elefant steht für die Einheitlichkeit, und die sechs Zähne symbolisieren die sechs Sinne bzw. Bewußtseinsarten. Fugen ist weder männlich noch weiblich und hat ein sehr naives Gesicht. Wenn sich irgend etwas auf dem Bewußtseinsspiegel spiegelt, nimmt dieser es wahr, was es auch sein mag. Die Phänomene der Außenwelt bewirken, daß dieser Spiegel als Bewußtsein funktioniert. Wenn die Phänomene zu existieren aufhören, hört auch dieses Bewußtsein auf, es wird weggewischt. Buddha nannte dies mit einem Wort: Nirvana. Seine Form ist „Nichts", Form ist leer. Wenn man dieses Nichts, *sunyata*, als ein Aspekt Buddhas sieht, so ist es der „unsichtbare Buddha" oder *dharmakaya*.

*Dharmakaya* ist der unsichtbare Körper Buddhas, Nicht-Bewußtsein. Es ist die Grundlage des ganzen Gesetzes. (*Dharma* ist ein Sanskritwort mit vielen Bedeutungen. Westliche Gelehrte übersetzen es gewöhnlich als „Gesetz", „Weg", „Lehre" oder „Religion".) Es hat die potentielle Kraft, das ganze Gesetz der Existenz zu schaffen. Das ist *dharmakaya*, die höchste Form

Buddhas. Es ist jene bodenlose, allgegenwärtige Leerheit, die das Universum und die Zeit füllt — Vergangenheit, Gegenwart und Zukunft. Es ist reine ZEIT, reiner RAUM. In ihm empfindet Buddha keine Zeit und keinen Raum. Es ist seine Weisheit, seine allmächtige Kraft, aber es gibt keinen Weg, es von der menschlichen Seite aus zu betrachten, da es sich nicht im Zustand der Erscheinungswelt befindet. Um es zu sehen, müssen wir unser *dharma-chaksus,* das Auge des Dharma, das Auge des Gesetzes, öffnen.

*Dharmakaya* wird oft als Kind symbolisiert, als *Manjusri* (jap. Monju) in Kindform, da *ES* seine eigene Existenz nicht erkennt. Im *dharmakaya* besitzen wir alles gleichzeitig — es ist *dharani, mantram.* In unseren Tempelgesängen, welche auch *dharani* sind, findet man keine bestimmte wörtliche Bedeutung, aber sie sind Ausdruck sämtlicher Gefühle.

Buddhas *trikaya* wird manchmal auch durch das Bild vom Wasser und seinen drei Phasen erklärt. In diesem Bild entspricht der dampfförmige, athmosphärische Zustand des Wassers dem *dharmakaya,* dem allgegenwärtigen oder nicht existierenden Körper. (Das ist das 1. Mal, 21. Aug. 1938, daß ich *dharmakaya* als Nicht-Existenz oder Nicht-Sein übersetze.)

Die zweite Phase, Flüssigkeit, ist analog dem *sambhogakaya,* und die dritte Phase, Festigkeit, entspricht dem *nirmanakaya,* welches wir noch besprechen müssen. Es ist der sich umwandelnde, alltägliche Körper.

*Sambhogakaya* kann man auch mit Wärme vergleichen. Die Wärme tritt in den vielen verschiedenen Existenzformen in ganz unterschiedlichen Wärmegraden auf. Im Kontakt zweier Körper gleicht sich dieser Unterschied aus, indem die größere Wärme der kleineren angepaßt wird. Diese so zwischen den zwei Körpern ausgeglichene Wärme wird dann an den nächsten Körper weitergegeben, und an den nächsten und an den nächsten, bis der Zustand erreicht ist, in dem keine Unterschiede mehr bestehen, d.h. in dem überhaupt keine Wärme mehr existiert. Dieser Zustand wäre Null, od. *dharmakaya.* Im Interstellarraum gibt es keine Wärme. Die Sonnenenergie dringt durch den Interstellarraum in unsere Atmosphäre und wird heiß. *Dharmakaya* ist wie dieser Raum, in ihm werden alle verschiedenen Teile der Existenz zu *einem* Bewußtsein. Wenn es zum absoluten Einen kommt, existiert das Eine nicht. Das ist das sog. Existenz-Gesetz. Wenn alles in ein Absolutes verschmilzt, ist dieses Eine unfähig zu existieren und wird Null, *dharmakaya*. Der Buddha sagte: „‚‚Hier' existiert, weil es ‚DAS' gibt. Gäbe es ‚DAS' nicht, wäre ‚Hier' nicht."

Wenn wir Buddhismus studieren, studieren wir alle seine Teile, einen nach dem anderen. Wenn wir es aber einmal erreicht haben, sehen wir alles gleichzeitig. Im Zen betrachten wir beide Wege gleichzeitig, Analyse und Synthese zusammen. Im Zen bedeutet *Dharma* folgendes: Alles wird in den *dharmakaya* zurückgeführt werden, und wir sind alle eins — genau so wie ein Baum zur Wurzel und damit zum Samen zurückkehrt.

Der Same enthält alle drei Stadien des Baumes: Same, Baum und Frucht. *Dharmakaya* ist der Same, *sambhogakaya* der Baum, *nirmanakaya* die Frucht. Im Samen ist der ganze Eichenwald enthalten. Im *dharmakaya* werden alle individuellen Körper geformt und treten heraus. So entsteht Individualität. Vom *dharmakaya*-Standpunkt aus gesehen, haben diese Individuen Ego, aber es ist kein individuelles Ego. Das *dharmakaya*-Ich ist Nicht-Ich. Weil dem so ist, wandeln wir uns und verkörpern uns in alle möglichen Aspekte gemäß dem Gesetz des Karmas. Wenn man von dieser *dharmakaya*-Allgegenwart aus die vorhandenen Körperzustände betrachtet, kann man alle drei Körper Buddhas sehen. Die drei Körper sind eine Synthese.

Die zwei Bewußtseinsarten, *dharmakaya*-Buddha und *sambhogakaya*-Buddha erscheinen im Körper einer Person. Diese Person führt ihr tägliches Leben. Das Bewußtsein, welches arbeitet und das tägliche Leben führt, ist *nirmanakaya*-Buddha, der Körper der Verwandlung. Es wandelt sich in den Körper einer Frau, eines Mannes, Vogels, Insektes, in Erde und Wasser usw. Weiter wandelt es seinen Körper in den eines Metzgers, Händlers, Fischverkäufers, Kaisers, Präsidenten und Soldaten. Und es wandelt seinen Körper in alle Werkzeuge. Dieser Körper der Umwandlung, *nirmanakaya*, wird symbolisiert durch *Ava-*

*lokitesvara* (jap. Kwannon), mit seinen tausend Armen, tausend Augen und tausend verschiedenen Werkzeugen. Jede Fingerspitze hat ein Auge, und jede Pore des Körpers ist ein Auge. In orientalischen Kunstgeschäften oder Museen könnt Ihr das Bild Kwannons sehen, es ist gewöhnlich eine Frauengestalt, sehr anmutig und ruhig.

Buddha hat drei verschiedene Aufenthaltsorte oder Domänen, und wir geben ihm drei Namen, je nachdem, wo er sich aufhält. Befindet er sich im Körper der Verwandlung, ist es *nirmanakaya*-Buddha. Shakyamuni Buddha erschien auf dieser Erde, nahm menschliche Gestalt an, sprach menschliche Worte und rettete überall Wesen in menschlicher Form. Wäre er irgendwo anders im Universum geboren, hätte seine Form vielleicht nicht aus dieser Materie bestanden, sondern vielleicht nur aus Äther, Feuer oder Licht, für das menschliche Auge unsichtbar. Es mag für uns schwierig sein, uns vorzustellen, daß empfindende Wesen solche Formen annehmen, und doch nehmen sie alle Formen an.

Als ich jung war, kam ich einmal zu einem heruntergekommenen leeren Tempel, in dem ein junger Mönch predigte. Außer den alten Figuren, den Steinen und seiner Mutter, die allein in einer Ecke saß, war niemand da. Begeistert sprach der Mönch zu diesen und einer unsichtbaren Zuhörerschaft über die Philosophie Buddhas. Zehn Jahre später kam ich wieder dorthin zurück. Nun hörten 100 Personen der Predigt zu. Es war derselbe Mönch. Die unsichtbare Zuhörerschaft war sichtbar geworden.

Sichtbare Wesen werden sich zu unsichtbaren umwandeln, so wie Wasser in Dampf und Dampf in Wolken umgewandelt wird, nur um wieder als Regen zu fallen. Und so werden Männer in Frauen und Frauen in Männer umgewandelt werden.

Wir werden uns unseres eigenen Bewußtseins gewahr, weil wir die Dinge von fünf verschiedenen Winkeln aus sehen, den fünf verschiedenen Sinnen. Zuerst sind alle diese fünf Bewußtseinsarten Funktionen für sich. Dann erkennen sie andere Existenzformen, und schließlich erkennen sie ihr eigenes Bewußtsein. Ich habe eine Hand. Wenn diese Hand allein existiert, kann ich nichts berühren. Das Schwert kann sich nicht selber schneiden. Aber wenn die Hand das Schwert berührt, fühlt sie das Schwert, und das Schwert kann sie schneiden.

Im *sambhogakaya* hört dieser Unterschied zwischen den Bewußtseinsarten auf und verschmilzt zu *einem* einheitlichen Bewußtsein. Dieses einheitliche Bewußtsein hat keine Existenz in sich allein. Es verbindet sich mit dem *nirmanakaya*. Das was wir sehen, ist diese Verschmelzung von *nirmanakaya* und *sambhogakaya*. Wenn wir diesen Zustand sehen, schließen wir daraus, daß der ursächliche Zustand *dharmakaya* ist. Wir müssen dorthin zurückkehren. Wenn es einen ursächlichen Zustand gibt, muß es ein Resultat geben. Wenn man dieses Resultat vom ursächlichen Zustand aus beobachtet, ist die Sicht verbindend. *Dharmakaya* enthält alles auf einmal.

INDRAS NETZ *Wenn Ihr Euer Auge öffnet und von Eurer egoistischen Sicht loslaßt und zum anderen schaut, werdet Ihr die Schönheit dieser wunderbaren Welt erkennen. Wird die Welt des Bewußtseins mit diesem Auge betrachtet, sieht man das Weltall wie ein Netz aus Diamanten.*

Das Reich des Gottes Indra liegt hoch auf dem Berg Sumeru im Himmel. Sumeru bedeutet „Welt" und der Name des Himmels bedeutet: „Das, was mit den Augen gesehen werden kann." Im Turm von Indras Palast befindet sich ein wunderschöner Raum, dessen Decke aus einem Netz besteht, das mit blauen Diamanten geziert ist, von denen sich jeder in jedem spiegelt.

Es wird erzählt, daß Indra dieses Netz machte, um das Weltall zu schützen. Dabei warf er eine Schnur direkt nach Osten aus und eine direkt nach Norden, dann viele in alle Richtungen gleichzeitig. Die Schnüre reichten bis ans Ende des Weltalls und verbanden sich miteinander. An jedem Punkt, wo sie sich verbanden, scheint ein Juwel wie ein Stern.

Indra, dessen Natur Gott und Mensch zugleich manifestiert, ist in immerwährendem Krieg mit Ashura, dem Gott des Zorns und der Zerstörung. Bei einem ihrer Kämpfe war Indra gezwungen, sich in den Turm auf seinem Palast zurückzuziehen. Er verbarg sich in seinem Netz. Ashura folgte ihm, sein schreckliches Schwert schwingend. Als er ins Netz schaute, sah er eine Million Indra, alle blitzend in blauem Feuer. Von Furcht gepackt, zog er sich zurück. Aber der Kampf geht weiter, unendlich.

Ein Sutra, das mit Indras Netz im Zusammenhang steht, beginnt folgendermaßen: „Ich predige jetzt den Zustand des reinen Körpers des *samantabhadra,* und ihr hört zu." Im dazugehörigen Kommentar erfahren wir, daß *samantabhadra* das Auge ist, das in alle Richtungen gleichzeitig sieht. Es ist das Symbol für denjenigen Bewußtseinszustand, in dem sich Dharma und Weisheit gegenseitig entsprechen und in dem alle *dharmas*[1] gleichzeitig in der Weisheit erkannt werden. Es bedeutet auch, daß das *Dharma* nur mit der Sicht des *samantabhadra* erkennbar ist. Keiner der anderen Bewußtseinszustände ist fähig, die Existenz des *Dharmas* zu erkennen. Denn die übrigen Bewußtseinszustände bestehen nur im Zusammenhang mit den entstehenden *dharmas* und entsprechen deren Konfiguration. Die Konfigurationen vieler *dharmas* durchdringen sich gegenseitig, so wie die geschmückten Maschen von Indras Netz ihre Schatten oder Spiegelbilder ineinander verweben. Das geschmückte Netz des Indra ist die bildliche Darstellung von den unzähligen Zuständen der *dharmas,* die sich gegenseitig durchdringen.

„*Der Zustand des reinen Körpers*": „Körper" bedeutet hier die Gesamtheit der *dharmas,* die scheinbar so sehr ineinander verwoben sind, daß sie diese Verwicklung nicht entwirren können. Diese Verwicklung ist jedoch die Auswirkung des relativen Gesetzes des Werdens. Dieser Körper ist „rein", weil keines der Augen an den Gegenständen, die es sieht, anhaftet, d. h. weil jedes *dharma* das andere widerspiegelt, so wie es ist.

Das Netz des Indra besteht aus vielen Juwelen. Die Juwelen beleuchten einander und widerspiegeln sich gegenseitig. Ihre Schatten tauschen sich endlos aus. Also erscheinen in einem Ju-

---

[1] Beachte den Unterschied zwischen „Dharma" und „dharmas". Ersteres ist das Gesetz oder die Lehre, letzteres sind die Erscheinungsformen.

wel alle gleichzeitig, da gibt es kein Kommen und Gehen, alle sind in einem, und eines ist alle.

Nehmt z. B. ein Juwel aus der südwestlichen Ecke des Netzes und schaut es an! In ihm findet Ihr die Spiegelbilder aller Juwelen enthalten. Ein Juwel zeigt, was im anderen erscheint, und das andere zeigt, was in dem einen erscheint. Jedes Juwel reflektiert das ganze Netz zugleich. Also spiegelt sich Juwel in Juwel unendlich, und diese unendlich widerspiegelten Juwele sind alle in einem Juwel des Netzes enthalten. Sie werden deutlich gezeigt, und kein Spiegelbild hindert die anderen daran, reflektiert zu werden. Wenn man sich auf ein Juwel setzt, sieht man sich in vielen Richtungen auf zahllosen Juwelen sitzen. Warum ist das so? Weil alle Juwelen in einem Juwel enthalten sind. Deshalb tut man gut daran, die Widerspiegelung in den anderen Juwelen zu beachten.

Jemand fragt: ,,Es wurde gesagt, daß in einem Juwel alle Juwelen umfangen sind. Wie können alle Juwelen des Netzes in ein Juwel eintreten?" Die Antwort lautet: Weil kein Juwel von diesem einen ausgeschlossen wird, kann man sagen, daß alle in eines eintreten. Wenn ein Juwel versucht, aus einem bestimmten Juwel herauszutreten, aber in alle anderen einzutreten, wird das nicht gelingen, denn ohne das Innere des einen Juwels kann kein anderes existieren.

Der Fragende sagt: ,,Wenn das bedeutet, daß dieses ganze Netz aus einem Juwel geschaffen ist, warum kann dann gesagt werden, daß das Netz aus vielen Juwelen zusammengesetzt ist?" Die Antwort lautet: Weil dieses eine Juwel den Anfang des Netzes bildet. Ohne dieses eine Anfangsjuwel würde kein Netz zur Existenz kommen; weil ein Juwel alle Juwelen darstellt, gäbe es ohne das Anfangsjuwel überhaupt keine Juwelen. Ihr müßt wissen, daß jedes Juwel das ganze Netz repräsentieren kann.

Wenn Ihr nicht glaubt, daß das Juwel in der südwestlichen Ecke selbst alle Juwelen in jeder Richtung ist, zeichnet einen schwarzen Punkt auf das Juwel der südwestlichen Ecke! Sofort werdet Ihr den schwarzen Punkt auf allen Juwelen sehen, in jeder Richtung. Und weil Ihr den schwarzen Punkt auf den Juwelen in allen Richtungen gesehen habt, werdet Ihr erkennen, daß alle Juwelen aus einem bestehen. Wenn nicht alle aus einem bestünden, könntet Ihr den schwarzen Punkt nicht gleichzeitig auf allen Juwelen in allen Richtungen zeichnen. Auch wenn Ihr alle Juwelen jeder Richtung mit einem schwarzen Punkt markieren würdet, bestände das Netz immer noch aus einem Juwel.

Statt dieses einen Juwels in der südwestlichen Ecke könnte jedes andere das Anfangsjuwel sein. Die Spiegelungen wiederholen sich unendlich, und jede ist gleich. Niemand weiß, welches das Anfangsjuwel ist; wenn eines geschaffen ist, sind alle vollendet.

Dieses ausgezeichnete Gleichnis sollt Ihr benützen, um über das wahre Dharma zu meditieren. Im *Avatamsaka-Sutra* heißt es: „Um der Menschheit zu nützen und ihren Geist zu erleuchten, enthüllte Buddha in diesem Bild die wahre Bedeutung von Dharma. Während zahllosen Kalpas gibt es für die Menschheit kaum je eine Gelegenheit, eine solch tiefgründige Lehre zu hören. Diejenigen, die ihre Kraft ohne Unterlaß zum Erlangen der Weisheit benützen, werden es jedoch hören…"

Das Sutra sagt auch: „Dieses Dharma ist im Gleichnis enthüllt, doch sein wahrer Aspekt unterscheidet sich davon." Das wahre Dharma ist nicht metaphorisch. Es enthält eine gewisse Ähnlichkeit mit der bildlichen Darstellung, doch dort tauschen die Juwelen nur ihre Schatten aus und verändern ihre Eigenschaften nicht. Die *dharmas* jedoch tauschen ihren ganzen Körper aus.

Ihr, die Ihr meditiert, betrachtet dieses Bild gut! Dann werdet Ihr *dharmakaya* verstehen. Wenn Ihr *dharmakaya* versteht, werdet Ihr zu *sambogakaya* kommen. Im *sambogakaya* ist man sich seiner eigenen Existenz bewußt und beweist, daß das eigene Bewußtsein und das universelle Bewußtsein ein und dasselbe ist.

Im Zen gilt das Auge als das Zentrum und die konkrete Manifestation dieses Bewußtseins. Deshalb nimmt das physische Auge im Zen eine sehr wichtige Stellung ein, es ist der Schlüssel zu Geist und Materie, Subjekt und Objekt. Indras blauer Diamant ist eine bildliche Darstellung Eures eigenen Bewußtseins, hauptsächlich dieses Augen-Bewußtseins. Wenn Indras Auge nach oben schaut, schaut es gleichzeitig nach unten, wenn es in das Zentrum schaut, schaut es gleichzeitig in alle Richtungen. Wo immer dieses Auge ist, da befindet sich das Zentrum. Wo immer es sich hinbewegt, da ist das Zentrum.

Indras Netz bedeutet das Netz des kollektiven Bewußtseins, das Bewußtsein aller empfindenden Wesen. Wenn Ihr Euer Auge öffnet und von Eurer egoistischen Sicht loslaßt und zum Anderen schaut, werdet Ihr die Schönheit dieser wunderbaren Welt erkennen. Wird die Welt des Bewußtseins mit diesem Auge betrachtet, sieht man das Weltall wie ein Netz aus Diamanten. Wenn die Menschen die Straßen entlang gehen und einander anschauen, ist es, als ob sich Diamanten widerspiegelten.

Das Geheimnis von Indras Netz zeigt sich auch jetzt in diesem Augenblick, hier vor unseren Augen. Ihr seid in mir, und ich bin in Euch. Ohne Euch kann ich nicht existieren; ohne mich könnt Ihr nicht sein. Dieses relative Bewußtsein wurde nicht geschaffen, es besteht vom anfangslosen Anfang bis zum endlosen Ende.

SELBST-ERWECKUNG *Im wahren Sinn hatte keiner der erleuchteten Buddhisten einen Lehrer. Auch ich kann Euch nicht Erweckung bringen. Ihr müßt es selber tun.*

Eines Tages, nachdem der Buddha ein Bad im Bach genommen hatte, wurden er und seine Jünger in das Haus von Ramyaka eingeladen. Obwohl Ramyaka kein Buddhist, sondern ein Brahmane war, lud er die Anhänger des Buddhas und den Buddha selber in sein Haus ein. Bei dieser Gelegenheit bat er den Buddha zu erzählen, wie er die Erleuchtung erlangt habe und von wem er die Lehre empfangen hatte. Der Buddha erzählte, daß er zuerst einem Asketen namens Arada Kalama gefolgt sei. Später ging er zu Udraka Ramaputra, welcher als einer der größten Lehrer dieser Zeit galt. Ramaputra hatte seine Lehre von seinem eigenen Vater empfangen, der sie seinerseits von seinem Vater bekommen hatte. Auf diese Weise wurde jene Lehre durch viele Generationen hindurch übertragen.

Ramaputra sagte zum Buddha: „Es gibt nichts, das ich dich mit Worten lehren kann. Du mußt es durch Meditation erreichen. In der Meditation wirst du durch gewisse Stufen gehen, bis du die höchste Stufe erreichst, den Zustand von ‚Weder Gedanken noch keine Gedanken'. Auf dieser Stufe sind alle rauhen und groben Gedanken vernichtet. Auf den niedrigen Stufen hängt der menschliche Geist an Begehren und Leidenschaft und erzeugt jene Vorstellungen, welche Gedanken genannt werden. Auf der höchsten Stufe jedoch bleibt nur der kristallklare Gedanke übrig. Ohne diesen reinen Gedanken würde die Seele verschwinden. Wenn du diese Stufe erreicht hast, komm' zu mir zurück."

Der Buddha ging weg und übte. Nach einiger Zeit kehrte er zu Ramaputra zurück und bewies das Erreichte — es war völlig unmöglich, darüber zu sprechen.

Ramaputra sagte: „Genau wie du es erreicht hast, so erreichte ich es und mein Vater vor mir. Also hast du die höchste Stufe erreicht." Der Buddha sagte: „Ich bin nicht ganz zufrieden. Ich glaube, es gibt eine höhere Stufe." Und er ging weg und erreichte jene höchste Stufe, die niemand vor ihm erreicht hatte.

Nach seiner Erleuchtung blieb er ungefähr drei Wochen lang unter dem Bodhibaum sitzen. Dann machte er sich auf nach Varanasi.

Unterwegs traf er Upaka. In einem Sutra wird diese Begegnung mit Buddhas eigenen Worten beschrieben: „Zu dieser Zeit sah mich Upaka kommen und redete mich folgendermaßen an: ‚Oh Gotama[1], oh Weiser, dein Gesichtsausdruck ist rein, dein Aussehen ist wunderschön und dein Gesicht strahlt. Oh Gotama, oh Weiser, wer ist dein Lehrer? Wessen Lehre folgst du und welches Dharma machst du zu deinem Glauben?' Darauf machte ich, zum Heil von Upaka, eine *gatha*[2] als Antwort:

‚Ich bin der Höchste, ich bin der Mächtigste!
Ich bin an kein Dharma gebunden, was es auch sei.
Von allen Begierden bin ich befreit.

---

[1] Gotama oder Gautama: Buddhas persönlicher Name (Anm. d. Übers.).
[2] *gatha:* Vers, Strophe.

Selbsterweckung allein nenne ich meinen Lehrer
Kein anderer ist so mächtig, keiner so unvergleichlich.
Selbsterweckung ist die höchste Erweckung.'"

Als junger Novize dachte ich: „Warum macht der Buddha, der so eine wunderbare Persönlichkeit hatte, so große Worte?" Ich fragte einen Mönch. Dieser antwortete: „Du denkst so, weil du selber eine kleine Person bist. Denn wenn du selber dich einen weisen Mann nennen würdest, hieltest du dich für etwas Besonderes, den anderen überlegen. Deshalb siehst du den Buddha, wenn er sagt ‚Ich bin der Höchste, ich bin der Mächtigste', als sehr hochmütig, sehr anmaßend an; aber das ist bloß von deinem Standpunkt aus gesehen. Der Buddha hatte die höchste Erleuchtung erreicht, also ist er eins mit allen anderen Menschen. Er denkt nicht ‚er', ‚du' oder ‚ich'. Für ihn gibt es nur einen Menschen in der Welt. Von diesem Standpunkt aus sagte er ‚Ich bin der Höchste, ich bin der Mächtigste'. Er macht auch uns hoch. Du mußt ihn nicht von deinem kleinen Standpunkt aus beobachten, sondern von seinem eigenen."

„Ich bin der Mächtigste...:" in meinem jetzigen Alter finde ich nichts Seltsames mehr in dieser Aussage. Es erinnert mich an etwas, was mein Vater zu sagen pflegte: „Wenn du jemandem einen Rat gibst, schließe dich selbst mit ein, dann wirkt dein Rat nicht beleidigend. Wenn kein Unterschied zwischen dir und deinem Freund besteht, kann dieser nicht beleidigt sein."

*„Ich bin an kein Dharma gebunden, was es auch sei:"* Das Dharma Buddhas ist das einzige, das jenseits von Sprache besteht. Dharma bedeutet hier die Lehre.

*„Von allen Begierden bin ich befreit:"* Das heißt, ich halte mich nicht an diese Tugend oder jene Idee, oder an diesen Gedanken oder jene Theorie. Ich halte mich an überhaupt keine Idee. Ich bin von allen selbst gemachten Vorstellungen befreit.

*„Selbsterweckung allein nenne ich meinen Lehrer:"* Selbsterweckung — er ist erwacht zu seinem eigenen Selbst. Aber dieses Selbst ist ein großes Selbst. Nicht das Selbst, welches Herr Schmied oder Frau Braun genannt wird, sondern das Selbst, das keinen Namen hat, das überall ist. Jeder kann dieses Selbst, die-

ses Große Selbst sein. Aber Ihr könnt nicht mit Hilfe von eigenen Ideen in dieses Selbst „hinein" erwachen. Wenn Ihr Euch selbst, Eure Ideen, Gedanken und Begierden aufgebt, dann, plötzlich, findet Ihr Euer Selbst dort. Ihr braucht nirgends hin zu gehen. Ihr seid dort.

„*Kein anderer ist so mächtig, keiner so unvergleichlich. Selbsterweckung ist die höchste Erweckung:*" Die Selbsterweckung wird hier betont. Der Buddha hatte diese Erweckung ohne Unterweisung erreicht.

Die Aufzeichnungen zeigen, daß der Buddha sowohl Arada Kalama als auch Udraka Ramaputra als Lehrer hatte und daß er von diesen die Meditation lernte, also kann man nicht behaupten, er habe keine Lehrer gehabt. Aber als der Buddha die Erweckung erreichte, tat er es allein.

Im wahren Sinne hatte keiner der erleuchteten Buddhisten einen Lehrer. Auch ich kann Euch nicht Erweckung bringen. Ihr müßt es selber tun. Der Buddha sagte: „Es gibt keine Lehrer. Selbsterweckung ist der höchste Lehrer." Bitte vergeßt das nicht.

# EIN SCHLÜSSEL ZUM BUDDHISMUS UND CHRISTENTUM

*Liebe und Weisheit sind eins. Wenn wir dieses Eine in uns selber aufnehmen, ist es Weisheit, wenn wir es jemand anderem geben, ist es Liebe.*

Die Religion der alten Inder zielte darauf, alles aufzugeben, um in das Absolute einzutreten. Vor der Verbreitung der Lehre des Mahayana Buddhismus durch Ashvaghosha gab es keine buddhistische Sekte, die sich mit dem menschlichen Leben befaßte. Im ganzen Buddhismus vor der Zeit Ashvaghoshas wurde das menschliche Leben verabscheut und man versuchte, sich davon zurückzuziehen. Die Liebe unter den Menschen war kein Gegenstand der Lehre. Das war natürlich kein wirklicher Buddhismus, denn am Beispiel der Geschichten über die Jataka, die von Buddha erzählt wurden, kann man sehen, wie einfach und freundlich der Buddha selber über Mitleid und Mitgefühl sprach! Aber im Hinayana Buddhismus, besonders in dem, den die Mönche praktizieren, gab es weder solch tiefes Mitleid noch ein Konzept der zwischenmenschlichen Liebe. Jene Buddhisten betonen Nirvana so stark, daß sie die Menschen und die Liebe darob vergaßen. Es war Christus, der diese Seite, die vom Buddhismus nicht berührt wurde, vollendete.

Nachdem ich so viele Jahre in dieser westlichen Hemisphäre gelebt habe, bin ich überzeugt, daß das Christentum noch immer in Eueren Adern, in Eurem Blut und in Eurem Gesellschaftsleben lebendig ist, auch wenn die Kirchen es möglicherweise vergessen haben. Auch wenn die Menschen sich gegenseitig hassen, ist es letztlich Liebe, was sie erfahren. Denn Liebe und Haß sind beide Ausdruck der Liebe. Ohne starken Haß gibt es keine starke Liebe. Sie sind beide in demselben Wort „Liebe" eingeschlossen. Liebe geht bis in die feinsten Verzweigungen der Adern, und ihr Ausdruck ist im Westen so außerordentlich, wie es sich ein Orientale gar nicht träumen kann. Die Lehre Buddhas geht in eine andere Richtung, in die von Nirvana. Dieser Gesichtspunkt wurde von Christus nicht enthüllt, noch dachten seine Jünger oder die späteren Christen darüber nach. Christus sprach nicht über die Leerheit. Aber wenn Liebe nicht aus der Leerheit kommt, ist sie parteiisch und nicht rein. Liebe, die nicht aus Nirvana kommt, ist egoistisch. Liebe, die aus der Leerheit kommt, ist die Liebe des *reinen* Wesens, nicht die eines egoistischen Wesens.

Niemand kann Liebe erfinden. Liebe ist eine natürliche Kraft der Menschen. Niemand kann die Liebe durch seine eigene Willenskraft fälschen. Liebe ist nicht egoistisch, denn Egoismus kennt keine Liebe. Egoismus enthält Begehren, aber keine Liebe. Liebe ist wie ein Vogel in einem Käfig, der singt und singt. Er hat kein Begehren. Was macht einen Vogel singen? Es ist Liebe.

Ich glaube, daß die Christen, die zukünftig den Buddhismus studieren, den Teil, den das Christentum vergessen hat, ersetzen müssen. Und wir Buddhisten müssen von den Christen das lernen, was wir vergessen haben.

Um zwischen Buddhisten und Christen Wohlwollen zu schaffen, will ich etwas mehr auf den grundlegenden Glauben der Buddhisten und der Christen eingehen. Denn beider Überzeugung beruht in Wirklichkeit auf entsprechenden Begriffen. Das Christentum betont die Liebe, über die Christus auf dem Berg deutlich gesprochen hatte. Liebe ist das wesentliche Element, welches alle empfindenden Wesen miteinander verbindet. In der frühen Zeitperiode der griechischen Philosophie dachte man, jedes Molekül besitze eine Art Haken, mit welchem es sich an andere Moleküle anheftet. Dank diesem Haken sei es den Dingen möglich, ihre Kraft aufrecht zu erhalten. Gemäß dieser Theorie kann nichts aus eigener Kraft seine Existenz erhalten.

Vom religiösen Standpunkt aus ist Liebe die Kraft, die die Menschen bindet. Ohne sie gibt es keine Gesellschaft, keine Familie. Diese Liebe ist ein wunderbarer Instinkt in allen empfindenden Wesen. Nicht nur Menschen, auch wilde Tiger lieben mit der Liebe einer Mutter und der Liebe eines Kindes.

Vor zweitausend Jahren sprach Christus dieses Wort „Liebe" laut aus und rüttelte den Geist der Leute auf. Ihr müßt Euch die Zeitperiode, in welcher Christus zur Erde kam, vor Augen halten. Ein König namens Herodes unterdrückte das ganze Volk, und niemand war frei. Alle wurden von diesem Tyrannen vollständig beherrscht. Christus machte ihren Geist frei. Liebe ist das einzig Reine, sie gibt den Menschen Freiheit. Wir Buddhisten bewundern das Christentum für diese wunderbare Lehre der Liebe. Wir haben natürlich unsere eigenen Begriffe, die das selbe bedeuten; *Mahamaitra*[1] und *Mahaprajna*[2] sind für uns die Mutter und der Vater der Liebe.

Aber der Buddhismus betont die Kraft der Weisheit, des Wissens, mehr, als die der Liebe. Das Gewahrsein der eigenen Existenz ist ihm von großer Bedeutung. Kräuter und Bäume sind sich ihrer eigenen Existenz nicht gewahr. Sie haben latentes Wissen. Der Säugling schreit, aber er hat keine erwachte Weisheit,

---

[1] *Mahamaitra:* Bezeichnung für Buddha in seiner großen Güte und Mitleid mit allen empfindenden Wesen.
[2] *Mahaprajna:* die allerhöchste Weisheit.

kein Bewußtsein seiner eigenen Existenz. Säuglinge schlafen. Doch sie wachen auf.

Was ist das Wichtigste für einen Menschen? Buddha sagte, das Wichtigste ist die Kraft zu wissen. Diese Weisheit ist der ganzen empfindenden Natur innewohnend. Auch uns Menschen ist die Kraft des Wissens innewohnend, wir können sie nicht erzeugen. Sie ist natürlich, intuitiv. Ein Kind mag aus einem gebildeten Haus kommen und an die Universität geschickt werden und doch nicht fähig sein, mit Erfolg abzuschließen. Es kann die Kraft des Wissens nicht erzeugen. Sie ist ein Element des Nicht-Ichs.

Christliche Liebe ist auch Nicht-Ich, genau so, wie die Weisheit des Buddhismus. Ihr bewundert die Liebe zwischen Mann und Frau, weil Ihr sie nicht durch Willenskraft erzeugen könnt. Ein Mann und ein Frau begegnen sich und lieben sich, weil dies natürlich ist. Man kann die Liebe nicht mit Geld kaufen; man kann sie nicht durch Willenskraft bekommen. Deshalb ist sie wunderbar und heilig. Wenn man sie mit Geld zu kaufen versucht, entheiligt man sie und zerbricht sie in Stücke. Alle Dinge, die man nicht entheiligen kann, sind wunderbar: die Weisheit, durch welche wir sehen, hören, verstehen, und die Liebe, durch welche wir uns vereinigen und zusammenkommen, um dadurch an diesem Leben interessiert zu sein und den Mut zu haben, um das Leben zu kämpfen.

Es freut mich sehr, daß ich als Einzelwesen diese zwei wunderbaren Lehren des Westens und Ostens verstehen kann. Beide haben als gemeinsame Basis das Nicht-Ich. Dieses Nicht-Ich wird in den zwei Religionen verschieden benannt, aber es ist dasselbe Prinzip. Im Buddhismus sprechen wir von ihm als von einem Hauptprinzip, dem Hauptprinzip des Nicht-Ich, im Christentum heißt es Liebe. Es war meine Aufgabe, etwas, das im Osten und Westen genau dasselbe ist, zu erfassen. Aber ich habe das Geheimnis lange lange Zeit nicht entdeckt. Ich kam nach Amerika, als ich zwanzig Jahre alt war und blieb erstmals zwölf Jahre. Dann reiste ich mehrmals zwischen Amerika und Japan hin und her, und nun, 1938, ist es wieder neun Jahre her seit meiner letzten Ankunft. Während all diesen Jahren beobachtete ich das Herz und das Leben der Menschen um mich herum. Ich verglich östliche und westliche Philosophie und den Urbuddhismus und die griechische Philosophie, ohne jedoch den Schlüssel, der die beiden Seiten von Ost und West öffnet, finden zu können. Dann endlich fand ich ihn. Es ist der Schlüssel mit den zwei Namen „Liebe" und „Nicht-Ich". Ich hätte belohnt werden sollen, ich hatte das kostbare Juwel gefunden.

In der Liebe sind Du und Ich eins. Wenn ich etwas sage, sagst du dasselbe. Wenn du etwas sagst, sage ich dasselbe. Doch wir sind nicht verliebt in einander. In der Liebe muß man nicht sich selber erkennen, man ist der andere, und der andere muß nicht sich selber erkennen, er ist ich. Beide sind vollkommen vereinigt. Es gibt keine zwei Personen. Es muß nur eine Person sein.

Nicht-Ich und Liebe können mit identischen Worten erklärt werden. Das Nicht-Ich zerstört die Person nicht, es trägt alles und wird vom Ganzen getragen. Dasselbe gilt für die Liebe. Das Christentum ist die Religion der Liebe. Die orientalische Haltung des Nicht-Ichs entspricht der christlichen Haltung der Liebe. Der Buddhismus ist die Religion der Weisheit. Weisheit ohne Liebe ist ein Schwert, das zerstören, aber nichts schaffen kann. Liebe ohne Weisheit ist ein Feuer, das alles verbrennt, ohne Leben zu geben. Liebe und Weisheit sind eins. Wenn wir dieses Eine in uns selber aufnehmen, ist es Weisheit, wenn wir es jemand anderem geben, ist es Liebe.

Mit diesem Schlüssel meines Geistes vereinigen sich Christentum und Buddhismus vollständig. Ich fühle, daß meine Mission nach langer Zeit erfüllt ist, weil ich diesen Schlüssel gefunden habe.

Diejenigen, die dem menschlichen Denken keinen Wert beimessen, mögen meine Entdeckung für unbedeutend halten. Für sie ist sie nicht wertvoller, als eine künstliche Perle. Aber diejenigen, welche das Denken der Menschheit studieren, werden meine Entdeckung als einen Schlüssel akzeptieren, mit welchem jedermann die Türe zum Geheimnis von West und Ost öffnen kann. Diejenigen, deren Hauptziel es ist, Geld zu verdienen oder Städte zu bauen, legen wenig Wert auf das Denken. Doch die Menschen leben in Gedanken. Das Denken ist der einzige Schatz des Menschen. Ich bin ein Schüler des Denkens und dasselbe gilt für Euch, die hier zu meinen Vorlesungen kommen. Es freut mich, die Gelegenheit zu haben, diese Entdeckung bekannt zu machen. Derjenige, der sie zum ersten Mal verkündet, bin ich selber, meine Wenigkeit, Sokei-an.

## DIE LEGENDE VON BUDDHAS GEBURT

*Wenn Weihnachten naht und die westlichen Menschen ihre Häuser und Straßen schmücken, um den Geburtstag von Jesus Christus zu feiern, rufe ich mir diese alte Legende von Buddhas Geburt ins Gedächtnis zurück. Mit Eurem wahren Auge werdet Ihr in beiden Geschichten, der christlichen und der buddhistischen, dieselbe Note finden, trotzdem die Beschreibungen verschieden sind.*

In der westlichen Welt gibt es seit alters her den Glauben an die „unbefleckte" Empfängnis von Jesus, an seine Geburt aus einem heiligen Schoß. Im Buddhismus gibt es die Idee der unbefleckten Empfängnis auch, aber sie wird anders verstanden (s. auch S. 26).

Nach dem buddhistischen Glauben wurde Buddha im *akasha-garba* empfangen. Das Sanskritwort „*akasha*" bedeutet „Himmel", „*garba*" bedeutet „Schoß". Demgemäß wurde Buddha im „Schoß des Himmels" empfangen, und zwar in demjenigen Himmel, der Tushita-Himmel heißt.

In der buddhistischen Anschauung gibt es viele Himmel. Es gibt einen Erde-, Luft-, Feuer-, Wasser- und Ätherhimmel. Der Tushita-Himmel ist der „Himmel des reinen Wassers". Das bezieht sich natürlich nicht auf das Wasser, das wir sehen, sondern auf die reine Essenz des Wasser*elementes*. Der Tushita-Himmel ist die Domäne der Wasser*natur*. Statt „Wasser-Himmel" könnte man vielleicht besser „Himmel von Wassernatur" sagen.

Im alten Denken ist Erde (d. h. das Element der Erde) der Aufbewahrungsort für die Samen. Wasser nährt die Samen,

Feuer belebt sie, Luft verwandelt sie und bringt sie zur Vollkommenheit. Auf diese Weise werden alle Dinge durch die vier Elemente zu ihrer Reife gebracht.

In der Überlieferung heißt es, daß *Mahamaya* — Maya bedeutet „Schöpferin", Schöpferin der sichtbaren Welt — als Mutter des Shakyamuni Buddha verkörpert war.

Als *Mahamaya* eine Blüte, die dem Tushita-Himmel geweiht war, dem König des Tushita-Himmels darbrachte (sein Name bedeutet „friedvolle Freude"), stieg Buddha vom Tushita-Himmel in den Schoß seiner körperlichen Mutter Maya und wurde am Tage des Vollmondes im Monat April als Baby in menschlicher Gestalt geboren. Der Hergang seiner Geburt wird folgendermaßen erzählt:

Maya, seine Mutter, war auf dem Weg zu ihrem Geburtsort, etwa 70 Meilen von Kapilavastu entfernt, wo sie mit ihrem Ehemann wohnte. Im Indien jener Zeit war es Brauch, daß eine schwangere Frau für die Niederkunft in ihr eigenes Elternhaus zurückkehrte. Maya war also auf dieser Reise nach Hause, gefolgt von Dienerinnen, die ihre Gewänder, Kämme, Puderdosen und Parfumes trugen. Die langen Röcke hinter sich herschleppend, folgten sie in einem langen Zug Maya, welche langsam auf einem Elefanten ritt. Maya wurde bewacht von Soldaten zu Fuß, zu Pferd und auf Elefanten, denn sie war die Königin von Kapilavastu, Ehefrau des Radja Suddhodana. Plötzlich, auf halbem Weg, wurde es Maya übel, und sie mußte vom Elefanten absteigen. Die Diener fanden einen kleinen Garten, namens *Lumbini-vana*, der mit Bäumen bepflanzt war und einen kleinen kühlen Teich umfing. Ein Tempel, der später dort gebaut wurde, steht noch heute und gilt in Indien als ein heiliger Schrein.

Unter einem Baum stehend, sich mit der rechten Hand an ihm festhaltend, gebar Maya Buddha aus ihrer rechten Achselhöhle. Der Gott Brahma empfing das Baby und reichte es dem Gott Indra. Dieser reichte es der Schwester von Maya, Mahaprajapati, welche später Buddhas Pflegemutter und noch später die Oberin von Buddhas Sangha wurde. Mahaprajapati stellte den Säugling Buddha auf den Boden. Sofort schritt dieser sieben Mal im Kreis herum, zeigte mit dem rechten Zeigefinger zum Himmel und dem linken zur Erde und sagte: „Zwischen Himmel und Erde bin ich der Einzige, der geehrt wird."

Das ist die mythologische Beschreibung von Buddhas Geburt. Wenn ich diese Mythologie in Theologie umsetze, wird Euch ihre Bedeutung klar werden:

Buddha war ein Kind des Tushita-Himmels. Das heißt, er war der Geist des Universums. Von Wasser ernährt, wuchs er im Himmel heran und stieg zur Erde hinunter. Erde bedeutet der Geist der erdgebundenen menschlichen Wesen. Der Geist des Universums stieg vom reinen unendlichen Himmel in den erdgebundenen Körper, d.h. ganz materiell in den Körper eines menschlichen Wesens.

Empfangen von Maya in ihrer physischen Existenz: die „Schöpferin" verkörperte sich in menschlicher Gestalt als Maya, die Frau des Suddhodana.

Sie opferte eine reine Blüte: Das heißt, Maya hatte „heilige" Gedanken. Buddhas Geburtstag wird im Frühling gefeiert, in der Zeit, da alles mit reinen, heiligen, weißen Blüten geschmückt ist wie mit Schnee. Also verkörperte sich der Geist des Universums mitten im Frühling in der phänomenalen Welt. Er wurde geboren durch dieselbe gute Kraft der Welt, die alles zum Blühen und Gedeihen bringt.

Er wurde empfangen vom Gott Brahma: Brahma bedeutet Wissenskraft, Wissen oder Gewahrsein der Existenz. Das wird in Indien auch „*Brahma-loka*" genannt, dargestellt durch das Auge. Auch in Ägypten war das Auge ein Symbol für Wissen.

Brahma empfing den Geist des Himmels und übergab ihn Indra: Indra ist der Gott des Begehrens, der Absicht, der Willenskraft. Ohne auf die Kraft oder den Befehl der Natur zu warten, strebte der Geist des Himmels danach, aus eigener Kraft etwas zu tun.

Mayas Schwester empfing das Kind von Indra und stellte es auf den Boden: Sie stellte es auf seinen physischen Grund. Vorher hatte Indra das Kind in den Arm der Frau, Mahaprajapati, gelegt, und diese stellte es auf den Boden.

Er ging sieben Mal im Kreis herum: sieben bezieht sich gewöhnlich auf die fünf äußeren und die zwei inneren Sinne, oder auf die sieben Zustände des Bewußtseins.

Er sagte: „Zwischen Himmel und Erde bin ich der Einzige, der geehrt wird." „Ich" bedeutet hier das Bewußtsein, welches als Kind des Himmels oder Sohn Gottes zur Erde kam.

Was ich hier gezeigt habe, ist die überlieferte Erklärung der mythologischen Erzählung. Jede Religion wird auf diese Art übertragen: zuerst durch eine mythologische Erzählung, die dann von einem Lehrer entsprechend der Überlieferung in eine Philosophie oder Theologie umgesetzt wird. Wenn man die Geschichte von Buddhas Geburt auf diese Weise erklärt, zeigt sich also, daß der reine Geist durch vier Stadien geht: vom Feuer zu Wasser, Luft und Erde. Durch diese Erzählung sollen die Gläubigen dazu gebracht werden, den Geist zu verehren. Dieser Geist wird nie entweiht von weltlichen Begehren oder rein menschlichen Gedanken, noch wird er verwickelt in solche. Er verliert die Kraft der Allgegenwärtigkeit und Allmächtigkeit nicht, sondern existiert auf der Erde so wie im Himmel. Er geht durch die beiden Hände von Sinneswahrnehmung (Auge) und Willenskraft und von dort zur Pflegemutter. Aber es ist immer der leere Himmel, *akasha-garba*, welcher die wirkliche Mutter ist, die alles unbefleckt empfängt.

Religion ist zuerst mythologisch und dann theologisch, aber Zen fügt einen dritten Schritt hinzu. Denn Theorie muß verwirklicht werden, um vollständig zu sein. Ein Mensch, der die wahre Sicht hat, wird die wahre Bedeutung der Mythologie entdecken und die Wirklichkeit, die durch die Theorie zu erklären versucht wird, erfassen. Der Schüler versteht in der Regel zuerst die Mythologie, dann die Theologie und erfaßt die Wirklichkeit zuletzt. Für den Lehrer besteht zuerst die Wirklichkeit, die aber nicht direkt vermittelt werden kann. Deshalb gibt es Mythologie und Theologie, damit die Kinder der empfindenden Wesen zur Verwirklichung geführt werden können.

Wenn Weihnachten naht und die westlichen Menschen ihre Häuser und Straßen schmücken, um den Geburtstag von Jesus Christus zu feiern, rufe ich mir diese alte Legende von Buddhas Geburt ins Gedächtnis zurück. Mit Eurem wahren Auge werdet

Ihr in beiden Geschichten, der christlichen und der buddhistischen, dieselbe Note finden, trotzdem die Beschreibungen verschieden sind. Aus der rechten Sicht gesehen, werden alle Religionen klar und einfach.

Wir Buddhisten interpretieren den Geburtstag von Christus, dem Sohn Gottes auf unsere eigene Art. Ein Mensch, der das vollkommene Bewußtsein des *dharmakaya,* das Bewußtsein Gottes, enthüllt, wird von den Buddhisten ein Bodhisattva genannt. Von unserem Standpunkt aus ist Christus ein Mensch, der dieses vollkommene Bewußtsein in seinem eigenen Körper manifestierte. Deshalb wird er Sohn Gottes genannt. Ohne den Bodhisattva, ohne Christus, sind wir Menschen ganz von Gott getrennt. Aber wenn wir auf diese vollkommene Manifestation des Bewußtseins treffen, sind wir auf einmal überzeugt, daß es einen Gott gibt. Durch den Bodhisattva, der das vollkommene Bewußtsein im menschlichen Fleisch verkörpert, können wir die Ganzheit des *dharmakaya* beobachten; durch Christus können wir Gott sehen.

Wir Menschen besitzen auch vollkommenes Bewußtsein, aber wir manifestieren es selten als Kinder Gottes. Denn, obwohl auch wir vollkommenes Bewußtsein haben, sind wir unvollkommene menschliche Wesen. Vom buddhistischen Standpunkt aus gesehen steht man, wenn man dem vollkommenen Bewußtsein in sich selber begegnet, sofort von Angesicht zu Angesicht mit Gott. Wenn man vollkommenes Bewußtsein in sich selber findet, ist auch das der Geburtstag Christi.

Wie also diese Symbole der heiligen Geburt des vollkommenen Bewußtseins zeigen, können sich die Menschen der Wirklichkeit dieses vollkommenen Bewußtseins gewahr werden. Deshalb ist Weihnachten auch für uns Buddhisten ein großer Gedenktag.

# DIE WURZEL DES BAUMES

*Dieser Welt der Verwirrung zu entsagen, sich davon zu distanzieren und dagegenzustellen, ist der erste notwendige Schritt beim Eintritt in eine Religion. Der nächste Schritt ist, den Blick wieder auf die Welt zu richten.*

Für die Mahayana-Buddhisten gibt es zwei Richtungen des Strebens: das Streben nach Erleuchtung einerseits, das Streben, andern zu dienen, andererseits. Erleuchtung erlangen bedeutet, Weisheit zu erlangen. Andern zu dienen bedeutet, die Liebe zu vervollkommnen. Weisheit und Liebe zusammen sind unser Ziel, wobei Weisheit der Glaube, der Boden der Buddhisten ist und Liebe die Auswirkung. Wir bilden uns, um selber Erleuchtung zu erlangen, nur dann können wir der Welt, unserer Familie und uns selber Glück bringen. Mißlingt es uns, die eigene Erleuchtung zu erreichen, kann es keinen Frieden in der Welt, kein Glück in der Familie und keine Stille in uns selber geben. Wir dürfen nicht versagen. Wir müssen uns selber gegenüber aufrichtig sein. Man kann jemand anderen belügen, aber nicht sich selber. Wenn man sich selber belügt, hat man kein eigenes Leben. Buddhismus lehrt uns, diese beiden Ziele, Erleuchtung und Dienst am andern, zu verwirklichen, es ist somit eine zweifache Lehre.

Von den zwei großen Weltreligionen betont das Christentum die Liebe und der Buddhismus die Weisheit (s. S. 127). Doch letztlich gibt es keine zwei Religionen in der Welt, es gibt nur eine.

Stellt Euch einen Baum vor, in dessen Wipfel die Menschen sitzen und sich gegenseitig an den Händen zu fassen versuchen, um eine Einheit zu bilden — das ist das Bild des christlichen Versuches, die Liebe zu verwirklichen. Der buddhistische Weg ist anders. Wir sagen, daß man zuerst zur Wurzel zurückkehren muß, an jene Stelle unterhalb des Stammes, wo alle in einer wahren Einheit umfangen sind, und wo die Individualität aufgehoben ist. Ohne Äste gibt es natürlich keinen Baum, auch nicht ohne Wurzel. Der Mensch muß beides haben. Das Christentum betont die Vereinigung in Frieden und Einheit und die gegenseitige Liebe. Der Buddhismus lehrt: „Vergiß dich selber und kehre zurück zur Wurzel, wo es nicht eine Anzahl von Menschen gibt, sondern nur einen!"

Um die Menschen zu befähigen, sich von der Welt abzuwenden, lehrten die Alten, daß diese Welt, in der wir leben, nicht die wirkliche Welt sei, sondern ein vorübergehender und dem Tode geweihter Aufenthaltsort. Dieser Welt der Verwirrung zu entsagen, sich davon zu distanzieren und dagegenzustellen, ist der erste notwendige Schritt beim Eintritt in eine Religion. Der nächste Schritt ist, den Blick wieder auf die Welt zu richten. Nun soll man in die Welt zurückkommen und zusammen mit den Menschen kämpfen und zu ihnen über den wirklichen Boden des Lebens sprechen.

Es gibt also zwei Einstellungen im Leben. In der einen dreht man der Welt den Rücken zu und wendet sich zur Wahrheit. Diese Richtung geht von der Erde zum Himmel. In der zweiten Einstellung wendet man sich vom Himmel aus der Erde zu. Das ist die Haltung eines wahren Menschen, sie ist großartig. In dieser Haltung könnt Ihr alle Irrtümer des menschlichen Lebens zulassen, alles auf Erden bejahen und für andere Mitleid und Mitgefühl haben. Doch wenn man nur von der Erde zum Himmel schaut, wendet man sich von einem Freund ab, wenn ihm ein Fehler passiert und sagt: „Oh, ich kann mich nicht mit dir abgeben."

Die wirklich großen religiösen Lehrer haben andere nie wegen ihrer Vergehen angeklagt. Die Menschen bestrafen einen Kriminellen, aber unsere großen Weisen dachten nie daran, Kriminelle zu bestrafen oder ihre eigenen Brüder und Schwestern wegen ihrer Fehler zu verurteilen. Die zweite Einstellung, vom Himmel zur Erde schauend, ist die echte menschliche Haltung. Dazu muß man aber den wirklichen Boden des Lebens erreichen, d. h. die Erleuchtung, das Erlangen der Weisheit. Dann, und nur dann, kann man sich mit Liebe anderen zuwenden.

Der Boden und das Ziel des Lebens sind also nicht zwei verschiedene Dinge. Ein Mensch, der keine Grundlage für sein Leben hat, hat auch kein Ziel. Jedermann hat etwas, worauf er sich verlassen kann und etwas, wofür er arbeitet und das er verehrt. Er lebt darauf als auf seinem Boden und dient ihm. Die Mönche in China und Japan sprechen oft über ihren Glauben, wenn sie einen Fremden treffen, und wenn ein Laie einen Mönch besucht, wird er gefragt: „Was ist ihr Glaube, verehrter Herr?" Ihr müßt Euch Eures Glaubens immer gewahr sein. Ihr sollt nicht wie Blinde leben.

## ZEN UND DAS RELIGIÖSE GEFÜHL
*Es ist nicht leicht, die Idee, daß man selber Gott ist, d. h. daß der eigene Geist und der eigene Körper das Gesetz ist, ernst zu nehmen.*

Als Kind eines Shintopriesters[1] glaubte ich an den Shinto Gott. Der Shinto Gott hat keinen physischen Körper, er ist allgegenwärtig, allmächtig und allwissend, und schützt die Gläubigen in jeder Art und Weise. Im Shinto kennt man die Vorstellung von einem strafenden Gott nicht, doch man glaubt, daß es Gott sehr leid tut, wenn man einen Fehler macht.

Man glaubt auch, daß eine Person, die heilig oder kraftvoll ist — z. B. ein Krieger oder Kaiser — nach dem Tod ein Gott wird. Der Shintoismus hat acht Millionen Götter und Göttinnen. Als ich zum ersten Mal mit dem Christentum in Berührung kam, schien es mir daher ziemlich einleuchtend, daß es auch einen eifersüchtigen Gott in der Welt geben sollte. Umgeben von den Millionen Göttern des Shintoismus, fiel es mir leicht zu verstehen, daß es darunter auch einen Gott gab, der eifersüchtig war. Im Gegensatz zum Christentum gibt es im Shintoismus jedoch keine Engel.

Als ich in den Glauben des Zen eintrat, realisierte ich, daß es keine Götter und Göttinnen außerhalb von uns gibt. Zen lehrt, daß wir selber Gott sind. Unser Selbst ist Gott, und es ist nicht nötig zu diskutieren, ob er innerhalb oder außerhalb ist.

---

[1] Shinto: Japans Volksreligion (Anm. des Übers.).

Darauf hatte ich das unangenehme Gefühl, daß das Universum, so in meine eigene Gestalt zusammengedrängt, sehr klein geworden war. Ich vermute, daß auch ein Christ, der ins Zen eintritt, zuerst das Gefühl hat, Gott sei sehr klein, wenn er plötzlich so in ihn selber hineingezwängt wird. Ich bin ganz sicher, daß auch Ihr nicht sofort und ohne weiteres Eure Hände falten und Euch selber huldigen könnt, weil Ihr Euch sehr klein und mutlos fühlt. Da Ihr Gott nicht mehr wie vorher im Gebet anflehen könnt, fühlt Ihr Euch verloren, ohne Glauben und ohne Gott.

Es ist nicht leicht, die Idee, daß man selber Gott ist, d. h. daß der eigene Geist und der eigene Körper das Gesetz ist, ernst zu nehmen. Sie ist zwar als Schlußfolgerung vernünftiger Überlegungen sehr logisch, und man akzeptiert sie als solche, aber man kann angesichts dieser Gedanken das religiöse Gefühl verlieren. Man befürchtet, daß man angesichts solcher Überlegungen das Gefühl der Inspiration und Verehrung aufgeben muß. Wird dann das Leben nicht trocken und wertlos? Solche Gedanken tauchen auf, wenn man zum ersten Mal mit diesem Zen konfrontiert wird.

Viele Leute haben dieses ,,Du-bist-selber-Gott''-Zen nicht gern. Manche sagen, das Zen belächle alle anderen Religionen als Aberglauben, oder versuche, religiöse Gefühle zu vernichten.

Ich glaube, dieses Gefühl des Verlustes stellt sich nicht nur bei denjenigen Menschen ein, welche diesem ,,Du-bist-selber-Gott''-Zen folgen, sondern auch bei anderen gebildeten Menschen, bei allen Agnostikern, Sophisten oder Skeptikern.

Vor ziemlich langer Zeit wurde auch ich in diese Ecke gedrängt und kämpfte lange gegen dieses Gefühl der Hilflosigkeit und suchte nach einem Ausgang aus dieser beschränkten Existenz. Endlich kam ich zu folgendem Schluß: das, was mich einengt, ist mein eigenes Vernunftsdenken. Es ist das Ego oder die ,,Selbstheit'', welche beschränkend wirkt. Im Buddhismus wird betont, daß wir das Ego zerstören müssen. Aber mein Problem bestand im ,,Wie'' — wie kann das Ego zerstört werden? Ich studierte natürlich die Sutras und erkannte auch vieles durch Meditation. Dann, eines Tages dachte ich: ,,Mein Ich gehört nicht mir selber. Es ist ein Ich, das zum Universum gehört, es gehört zur ganzen potentiellen Kraft des Universums. Das Ich eines Fisches, eines Insektes, einer Katze — alle sind dasselbe Ich, das Ich Gottes..."

Ich akzeptierte das. Ich bin also nicht mein Ich, sondern das Ich Gottes. Es gibt viele verkörperte Ichs und viele unverkörperte Ichs, latente Ichs, die schlafen (wie in den Bäumen) und sich später wieder zu einem Ich entwickeln. Natürlich kann ich nicht denken „ich *bin*". Ich existiere nicht.

So versuchte ich einen Ausweg aus diesem beschränkten Selbst zu finden. Um dies zu erreichen, mußte ich natürlich selbstlos, ohne Ego sein. Dazu stellte ich mir vor, ich sei irgend ein Wasserkörper, der in einem bestimmten Gefäß im Ozean geboren wurde. Ich zerbrach dieses Gefäß, und mein Wasser vereinigte sich mit dem anderen Wasser. Nun war ich nicht mehr so klein.

Mein Körper enthält den Samen, und mein Körper nährt den Samen. Mein Körper trägt alle Samen und sieht alle Existenzformen. In diesem Fall ist diese gegenwärtige physische Erscheinung des Herrn Sasaki nicht ich selber, sondern die vier Könige, oder Götter, der vier Elemente: Gott der Erde — die Erde enthält den Samen; Gott des Wassers — das Wasser nährt den Samen; Gott des Windes — die Luft trägt Geräusche; Gott des Lichtes — das Feuer beleuchtet die Dinge. Ich habe vier große Götter in mir, und ich bin vier große Götter. Langsam erkannte ich mich selber. Nun fühlte ich mich nicht mehr allein im Universum. Das Radio in mir fing wieder zu singen an. Das Gebet, das ich Gott darbrachte, war nicht an einen Gott gerichtet, der von anderen getrennt oder mit anderen verbunden war. Ich betete, um damit meinem eigenen Gesetz zu folgen. Ich beschloß, meine Weisheit zu bilden, um das äußere Dasein und das Universum des Menschen zu verstehen. Dazu muß ich Vertrauen in die Außenwelt pflegen und dabei das Vertrauen in mich behalten. Ich darf meine Versprechen nicht brechen. Ich muß schwer arbeiten und die Würde meiner eigenen Seele aufrecht erhalten. Wenn ich mein Vertrauen in MICH breche, kann ich nirgends Vertrauen finden.

Damals erinnerte ich mich, daß ich einmal als Kind von etwa

dreizehn Jahren eine Landstraße entlang ging. Dabei traf ich einen Knaben. Er schaute mich an. Er lächelte. Er sah ähnlich aus wie ich. Es war eine wunderbare Erfahrung. Ich fühlte, daß ich nicht allein war. Ebenso erkannte ich, daß dieser Gott kein allein existierender Selbst-Gott ist. Ich hatte einen Ausweg gefunden aus meiner Einsamkeit, dem einengenden Gefühl des „Selbst-Gott-seins". Ich kehrte allmählich zum Gottesgefühl zurück, wie es im Shinto und im Christentum gelehrt wird. Doch ich bin im Glauben des Zen. Mein Gefühl der Hilflosigkeit war mein eigener Irrtum. Es sollte nicht so sein. Im Zen sollten wir auch die unermeßliche Natur Gottes fühlen.

## Wie fasst man Zen in Worte?

*Philosophie und Wissenschaft sind beide wie alte Männer, die einen Stock brauchen. Sie haben keine Kraft in sich selber. Der Buddhist steht auf seinen eigenen Füßen und geht ohne Stock. Er kann durch den philosophischen, den wissenschaftlichen und jeden anderen Ort gehen.*

Drei oder vier Jahre lang habe ich darüber nachgedacht, wie Zen in Worte gefaßt werden kann, wie man westlichen Menschen genau erklären kann, was Zen ist. Denn bevor jemand mit der Disziplin des Zen beginnt, muß er mit dieser im Westen völlig neuen Sache, Zen genannt, bekannt gemacht werden.

Als ersten Schritt versuchte ich, das Wesentliche des Buddhismus zu bestimmen. In der Welt gibt es zwei Methoden der Annäherung an die Wahrheit. Die eine ist die Philosophie, die im erweiterten Sinn die Wissenschaft einschließt. Die andere ist das Gebet, wie es von den alten Heiligen geübt wurde, die im Wüstensand niederknieten oder sich in den Wäldern in Abgeschiedenheit konzentrierten. Auch Jesus entdeckte diese Methode in der Wüste und betete später oft zu seinem Vater im Himmel. Er gelangte zu ihm durch dieses Werkzeug des Gebets. Dies geschieht in der religiösen Erfahrung häufig. Etwas Ähnliches findet man bei Künstlern und Musikern. Plötzlich kommt eine Inspiration und die betreffende Person springt aus ihrem täglichen Dasein heraus und erreicht einen sog. höheren Zustand.

Beide Richtungen existierten auch zur Zeit des Buddha. Die Anhänger der tantrischen Schule z. B. benutzten Beschwörungen oder Anrufungen — zwar riefen sie nicht mit den Lippen, sondern mit dem Geist — und die Anstrengungen der Brahmanen zielten darauf, von hier weg an einen anderen Ort zu gelangen. Sie konzentrierten sich auf den räumlichen Abstand zwischen ihrer eigenen Stellung und dem geistigen Ort, den sie erreichen mußten. Die Haltung von Buddha war weder philosophisch noch auf irgend etwas außerhalb seiner selbst gerichtet. Er versuchte, etwas Wahres in sich selber zu finden. Ihr braucht nicht nachzudenken, um Eure Nase zu finden. Noch braucht Ihr zu beten: „Oh Vater im Himmel, bitte hilf mir, meine Nase zu finden." Ihr findet einfach die Nase im Gesicht. Auf diese Weise versuchte der Buddha, die Wahrheit in sich selber zu finden. Ich glaube, ein Zenstudent versteht das sofort. Ihr findet Euren wahren Aspekt nicht durch Philosophie oder Gebet. Der wahre Aspekt ist weder vor, hinter, noch neben Euch. Er ist *in* Euch. Er ist da, wo Ihr steht, und Ihr könnt ihn nicht von Euch selber trennen. Das ist ein sehr alter Weg, sich selber zu finden; aber er ist immer noch neu. Philosophie versucht, die Wahrheit durch Worte zu finden, es gibt keine Philosophie ohne Worte. Die Wissenschaft versucht, die Wahrheit außen zu finden. Der Wissenschaftler betrachtet die Welt durch sein Mikroskop und sieht das ganze Universum auf seinem mit Furchen und Rinnen versehenen Fingernagel, aber er sieht es außerhalb seiner selbst.

Philosophie und Wissenschaft sind beide wie alte Männer, die einen Stock brauchen. Sie haben keine Kraft in sich selber. Der Buddhist steht auf seinen eigenen Füßen und geht ohne Stock. Er kann durch den philosophischen, den wissenschaftlichen und jeden anderen Ort gehen.

Die buddhistischen Sutras sind von der ersten Seite an voller logischer Widersprüche. Man kann zur selben Zeit sagen: „Es gibt nichts im Universum und es gibt alles im Universum", denn

Logik bedeutet im Buddhismus nichts. Vom buddhistischen Standpunkt aus kann man sagen: „Ich existiere nicht und ich existiere", und der Beweis besteht darin, daß man da steht.

Nun kommen wir zum Zen. Was ist Zen? Wie können wir darüber mit gewöhnlichen Worten sprechen? Laßt uns das Bild der Dreieinigkeit, des dreieinigen Körpers nehmen und auf die materielle Existenz anwenden. Gefrorenes Wasser ist fest, verdampftes Wasser ist Dampf — fest, flüssig, dampfförmig, das ist die Dreieinigkeit des Wassers. Wenn man Dampf zusammendrückt, kann man ihn zu einer Flüssigkeit reduzieren, und wenn man eine Flüssigkeit kristallisiert, wird sie fest. Ein Diamant bestand einmal aus Gas, welches flüssig und dann fest wurde. Nun ist es ein Diamant. Das sind Beispiele für Vater, Sohn und Heiliger Geist im materiellen Bereich.

Man kann dieses Bild auch auf unsere Gedanken übertragen. Dann finden wir feste, flüssige und atmosphärische Gedanken. Die Bewohner von New York leben in der Materie zwischen Ziegeln, Steinen, Zement und Beton. Doch was ist New York? Mit dem Zementhersteller kann man über Zement sprechen, aber nicht über New York. Mit dem Ziegelhersteller kann man über Ziegel sprechen, aber nicht über New York. In einem Steinbruch kann man Steine finden, aber New York ist nicht dort. Denn New York besteht nicht aus Ziegeln, Steinen, Zement oder Beton. New York ist in Materie ausgedrücktes Denken. Überall um uns herum gibt es Dinge wie Brücken, Gebäude, Untergrundbahnen und vieles mehr — das sind alles verdichtete Gedanken, Gedanken, die durch feste Materie ausgedrückt werden, feste Gedanken.

Dieser *hossu* hier, die Bürste aus einem Pferdeschwanz, besteht aus Holz und Haar, aber wenn ich sie in der Hand halte, ist sie mein in feste Materie gegossener Gedanke. Damit objektiviere ich diese Bürste, welche ursprünglich in einem ungeformten Zustand war. In dieser Hinsicht ist unsere Haltung anders als Eure. Ebenso besteht eine Stadt aus in Materie ausgedrückten menschlichen Gedanken. Ich ziehe diese den ungeformten Gedanken der Natur vor.

Die Patriarchen der Zenschule betrachteten die Menschen wie

Bäume auf einem Berg und beobachteten ihre Bewegung als die Bewegung der Natur.

Man kann Gedanken auch in flüssiger Form vergegenständlichen. Der flüssige Ausdruck fließt von den Lippen zu den Ohren und bewirkt Wellen und Wirbel. Was war es, was in Rußland geschah? Der Bolschewismus war wie ein Wirbelsturm, das waren nicht nur Worte. Auch der Faschismus wirkt wie eine dickflüssige Welle, stärker als Worte. Alles, was mit Worten gedacht wird, könnte man flüssiges Denken nennen. Malerei ist weder ganz fest noch ganz flüssig. Sie steht zwischen diesen beiden Zuständen und kann als halbflüssig bezeichnet werden, wogegen Skulpturen feste Gedanken sind.

Atmosphärisches Denken kann weder in Worte noch in sonst eine Form gefaßt werden. Es geht verloren, sobald man versucht, es in Worte zu fassen. Ein Poet weiß das sehr gut. Vielleicht besteht Musik aus flüssigen Gedanken, aber sie gehört auch in den atmosphärischen Bereich. Ihr Sinn ist fühlbar, wird aber nicht eindeutig ausgedrückt. So verhält es sich auch mit der Religion. Wenn man Gott, Buddha oder Allah *sagt* oder es in halbflüssige Materie faßt, ist es einfach der Ausdruck „Gott" und hat für die religiöse Erfahrung keine Bedeutung. Christus bemühte sich jahrelang, es mit Worten zu erklären, aber es gelang ihm nicht. Und nach ihm versuchten es seine Jünger während 2000 Jahren. Doch Religion kann nicht durch Worte übertragen werden. Man kann ihre Bedeutung fühlen, aber nicht in Worten ausdrücken.

Einer meiner japanischen Freunde, der in einer Vorstadt wohnt, besuchte mich einmal und sagte: „Deine Wohnung liegt direkt unter einem Bahngeleise und an einer lauten Straße, trotzdem ist es sehr still. In der Vorstadt, wo ich wohne, gibt es keinen Lärm, und doch ist es laut. Wie machst du es so stille bei dir?" Ich antwortete: „Es sind meine Gedanken, die still sind." Als ich hier mit ihm saß, gab es etwas, das seine Gedanken beruhigte, und es wurde still — so still wie in einem japanischen Tempel.

Genau so verhält es sich mit der „Atmosphäre" von Zen. Wir können es nicht durch Worte ausdrücken, aber man fühlt eine

Million unausgesprochener Worte. Die ganze Religion liegt darin. Es ist dasselbe wie Poesie. Es ist der ganze dreieinige Körper.

Wie entwickelt ein Zenstudent den dreieinigen Körper des Denkens? Wenn er einen atmosphärischen Gedanken hat, muß er ihn pressen, um ihn flüssig zu machen, dann muß er ihn weiter zusammendrücken, bis er fest ist.

Wenn man den ersten Koan bekommen hat: „Vor deinem Vater und deiner Mutter, was warst du?" macht man sich durch Meditation zuerst einen atmosphärischen Begriff. Man denkt darüber nach. Aber es kann nicht in Worte gefaßt werden. Es geht über Raum und Zeit hinaus. Die Aufgabe besteht darin, es in feste Form zu bringen, eine Million Jahre in einer Sekunde zusammenzupressen. Dann ist man vom Atmosphärischen zur festen physikalischen Materie gelangt. Das ist Aktualisierung im Zen.

Wenn man aber einen flüssigen Gedanken als Antwort bringt, schlägt einen der Meister, um einen zu einem festen Gedanken zu bringen. Sein Schlagen ist natürlich nicht persönlich, es dient nicht der Befriedigung seines eigenen Zornes. Indem der Meister die Person schlägt, schlägt er das ganze Universum. Nachdem man seine Antwort aktualisiert hat, sagt der Meister vielleicht: „Nun drücke es in Worten aus!" Antwortet man dann: „Es geht über Zeit und Raum hinaus", antwortet der Meister mit seiner Glocke ring-ng- (d.h. die Antwort wurde nicht akzeptiert, Anm. d. Übers.). Die Antwort muß Einsicht zeigen.

„Ein Mann fragte mich: ,Warum weilst du immer in den Grünen Bergen?'

Ich lächelte, aber ich antwortete nicht.

Eine Pfirsichblüte folgt dem Strom tausend Meilen weit."

Das ist ein sehr berühmter Vers. Um es zu spüren, muß man die höchste Art des Denkens, das unendliche Gefühl des Zen, haben.

Im Zen ist also zuerst das atmosphärische Denken vorhanden, als nächstes faßt man es in solide Form, und dann bringt man es zum Flüssigen zurück. Im gewöhnlichen Leben sind die Gedanken normalerweise zuerst flüssig, dann gehen sie durch das atmosphärische Stadium, und dann verdichten sie sich. Das ist die westliche Art des Denkens. Doch in Wirklichkeit ist Denken zuerst atmosphärisch, dann fest, dann flüssig. Wenn man ernsthaft darüber nachdenkt, wird man verstehen, wie man eine Zen-Antwort macht. Wenn man Zen einmal versteht, ist es leicht.

KOAN *Wenn wir an den Koan denken, denken wir nicht mit dem Gehirn darüber nach, wir sind in ihm.*

Als ich von meinem Lehrer den ersten Koan bekam, war es Februar, der erste Februar.
Anschließend ging ich um den See Shinobazu. Dieser ist nicht sehr groß, es dauert ungefähr eine Stunde, ihn zu umgehen. Ich weiß nicht, wie oft ich ihn an diesem Tag umging. Ich dachte an gar nichts anderes, als an diesen Koan. Ich hämmerte auf meinem Geist herum, versuchte ihn zu pressen, preßte ihn, kochte ihn ein, analysierte ihn und machte ihn kleiner und kleiner, bis er schließlich verschwand. Und dann — oh! Auf diese Art kommt einem die Antwort zu.

Während meines Trainings als Novize dachte ich andauernd an meinen Koan. Wenn ich eine Zigarette anzündete oder Wasser trank, immer trat mein Koan in mein Bewußtsein. Der Koan war in meinem Geiste immer gegenwärtig.

Wenn wir an den Koan denken, denken wir nicht mit dem Gehirn darüber nach, wir sind in ihm. Wenn wir uns z. B. mit Hakuin's Hand-Koan beschäftigen[1], müssen wir zuerst den Geist Hakuins verstehen. Wir versetzen uns in Hakuins Geist, werden Hakuin selber. Hakuin und ich werden eine Person. Ich gehe ganz in Hakuin auf, und Hakuin geht ganz in mir auf. Dann verstehen wir Hakuins großes Herz. Es ist wie der grenzenlose Ozean, leer wie der Himmel. „Oh!" ... und plötzlich verstehen wir.

---

[1] Siehe Fußnote S. 89.

**DER BIEGSAME GEIST** *Es gibt viele Strategien, die man im täglichen Leben anwenden kann. Die buddhistische Strategie ist es, zu gewinnen, ohne zu kämpfen.*

Es gibt verschiedene mögliche Geisteshaltungen. Der Buddha sprach zu seinen Jüngern über den harten Geist, den scharfen Geist, den Geist des Pferdes, des Ochsen und des Kutschers. Er sagte, daß wir einen geschmeidigen oder biegsamen Geist haben sollten, ein Geist so sanft wie Luft und so geschmeidig wie die Trauerweide. Das ist der beste Geisteszustand. Die Äste der Föhre brechen unter dem Gewicht von tiefem schwerem Schnee, aber die biegsame Weide bricht nie. Dank ihrer Biegsamkeit übersteht sie Umstände, welche Bäume mit einem härteren Wesen verstümmeln würden.

Jede Geisteshaltung erfordert eine entsprechende Strategie zur Lebensführung. Es mag seltsam erscheinen, einen buddhistischen Mönch über Strategie sprechen zu hören, doch es gibt viele Strategien, die man im täglichen Leben anwenden kann. Die buddhistische Strategie ist es, zu gewinnen, ohne zu kämpfen. Die schlechteste Strategie ist es, den Feind in seiner Festung anzugreifen oder dort, wo er am meisten auf einen Angriff vorbereitet ist. Einen schwachen Punkt anzugreifen, gilt gewöhnlich als die beste Strategie, doch noch besser ist es, zu siegen, ohne überhaupt zu kämpfen.

Zu meiner Zeit gab es eine Anzahl berühmter Schwertkämpfer. Einer davon hieß Sukohara. Er gebrauchte niemals sein Schwert, um sich zu verteidigen, stattdessen benutzte er die Rippe eines Fächers. Wann immer jemand ihn angriff, konterte er mit dieser Holzrute. Sukohara beherrschte die Kunst des weichen Geistes wirklich! Einmal reiste er per Boot durch die Gewässer von Südjapan. Die Boote jener Zeit waren nicht groß. Er, der damals schon ein alter Mann war, suchte sich abseits von den anderen einen Platz in einer Ecke des Schiffes und saß schweigend da. Im selben Boot befanden sich viele hitzige, stolze Krieger, welche fast den ganzen Platz einnahmen. Sie gaben dem Kapitän, einem armen Fischer, andauernd Befehle und schmähten ihn mit vielen harten Worten. Allen Passagieren im Boot mißfielen diese Krieger.

Unter diesen Samurai war einer, der grimmiger aussah als alle andern. Er redete sich ein, er sei der beste Schwertkämpfer des ganzen Landes. Er sah den alten Mann ruhig in einer Ecke des Bootes sitzen. Das Schwert in der Hand des alten Mannes ließ ihm keine Ruhe. Er schritt auf ihn zu und sagte: „Er hat zwar ein Schwert in der Hand, doch wie könnte er wissen, wie es zu gebrauchen ist!" In alter Zeit ging ein Samurai sehr sorgfältig durch die Straßen. Wenn seine Schwertscheide auch nur berührt wurde und ein Geräusch erzeugte, kämpfte er. Dieser hier stieß mit dem Fuß gegen das Schwert des alten Mannes. Der Alte akzeptierte dies mit Schweigen und gab den Anschein, ein Feigling zu sein. Der stolze junge Samurai sagte: „Seht den alten Mann! Seht den Feigling! Steh auf, Alter, und kämpfe!"

Der alte Mann gab dem Samurai einen seltsamen Blick. Die Passagiere dachten: „Armer alter Mann, wie konnte er dies tun, er wird unvermeidlich getötet werden." Sie fürchteten sich, denn sie erwarteten, daß nun Dolche gezogen und mitten unter ihnen gekämpft werden würde. Alle anderen Samurai klatschten in die Hände. „Alter", sagten sie, „steh auf! Du siehst wie ein Kämpfer aus. Aus welcher Kampfschule kommst du?"

Der alte Mann nannte den Namen seiner Schule nicht, doch es war die Schule von Mond und Wasser, von Schnee und Weide. Wann immer er kämpfte, geschah dies in Übereinstimmung mit den Prinzipien dieser Schule. Er antwortete: „Meine Schule ist ungewöhnlich und nicht sehr bekannt; ich studierte die Schwertkunst unter einem Lehrer, der mich lehrte, einen Kampf zu gewinnen, ohne eine Hand zu benutzen."

Die Samurai lachten spöttisch: „Oh, wir haben nie von dieser Schule gehört. Einen Kampf zu gewinnen, ohne eine Hand zu benutzen...! Nun, alter Mann, bitte, zeige uns deinen berühmten Kampfstil!"

Der alte Mann, der bemerkt hatte, daß die Zeit der Flut gekommen war, und daß das Wasser langsam stieg, sagte: „Gut, junger Samurai, ich bin stolz darauf, dir meinen Trick zu zeigen, wenn du ihn zu sehen wünschst, doch der Platz hier ist zu eng. Ich befürchte, mein Schwert könnte durch Zufall einen der zahlreichen Passagiere verletzen. Bitte, junger Mann, geh' auf jene Insel und ich werde dir dort begegnen."

Der junge Samurai befahl dem Steuermann, das Boot zur Insel zu fahren. Sobald sie das Ufer erreichten, sprang er ab, krempelte die Ärmel hoch und rief: „Komm schon, Alter!" Doch dieser flüsterte dem Kapitän zu: „Stoß ab!"

„Feigling", schrie der Samurai. Aber die Flut stieg und das Boot segelte vom Ufer weg.

„Siehst du", rief der alte Mann dem jungen Samurai zu, „das ist mein Trick, einen Kampf zu gewinnen, ohne eine Hand zu benutzen."

Dieser alte Mann verstand Strategie besser als der junge Schwertkämpfer. Man könnte ihn einen Feigling nennen, aber vom wahren strategischen Gesichtspunkt aus handelte er nicht feige. Er rettete das Leben des Samurai und das der Passagiere und gewann den Kampf. Er nahm den jungen Samurai zurück ins Boot. „Ich verstehe ihren Gesichtspunkt", sagte dieser, „wie heißen sie?" Als er den Namen Sukohara hörte, wurde er bleich und verbeugte sich vor dem alten Mann.

Das ist biegsamer Geist. Es gibt viele Beispiele aus Buddhas täglichem Leben, die diese weiche Geisteshaltung zeigen.

Eine andere berühmte Geschichte ist die von der jungen Frau namens Blauer Lotus. Sie wurde so genannt, weil sie schön und biegsam war wie der Lotus. Sie war ziemlich stolz auf ihre Schönheit und glaubte, sie könne jeden Mann bezaubern. Als sie von Maudgalyayana hörte, dem großen Jünger des Buddha, der für seine Tugend berühmt war, beschloß sie, diesem an einer bestimmten Brücke zu begegnen und ihn für sich zu gewinnen. Als er sich der Brücke näherte, drehte und wendete Blauer Lotus ihren Körper wie eine Schlange, um seine Aufmerksamkeit zu erhaschen. Maudgalyayana sagte: „Frau, sie sehen aus wie eine Schlange, wenn sie ihren Körper so drehen und wenden. Von jetzt an können sie ihren Körper nicht länger bewegen!" Blauer Lotus kam zur Besinnung, bekannte ihre Missetaten als Prostituierte und fragte Maudgalyayana um Rat:

„Vor drei Jahren", sagte sie, „gab ich einem Mann, einem hitzigen Kämpfer, ein Versprechen. Ich sagte ihm, er solle, da er kein Geld habe, fortziehen, etwas Geld verdienen und dann zurückkommen. Wenn er zurückkomme, würde ich die Seine werden. Ich hörte, daß er zurückgekommen ist. Wenn ich mich ihm nicht gebe, wird er mich töten."

Maudgalyayana sagte: „Fürchte dich nicht. Schere deinen Kopf und gehe zu ihm als Nonne. Dann stelle ihm ein Frage." Sie tat, wie er sie angewiesen hatte. „Liebst du mich?" fragte sie den heimgekehrten Krieger? „Ja, sehr", antwortete dieser. Sie sagte: „Ich schätze dein männliches Herz, aber welchen Teil von mir liebst zu am meisten?" „Deine Augen, wunderbar blau und tief wie der Himmel." Sie rollte eines der Augen nach innen, so daß es nicht sichtbar war und hielt das Lid offen. Er sagte: „Du siehst häßlich aus mit deinem geschorenen Kopf, und nun bist du halbblind. Ich liebe dich nicht mehr." Und so war sie frei, eine Nonne zu werden. Sie hatte sich selber vor dem Tod gerettet und rettete ihre Seele, indem sie das Leben einer Prostituierten aufgab und sich zum Leben des Geistes erheben konnte. Es wird auch erzählt, daß ihr grimmiger Verlobter später seinen Irrtum in seiner Lebensart erkannte und ein Laienanhänger des Buddha wurde.

Blauer Lotus gewann die Schlacht ohne zu kämpfen. Das ist das Wesen der Strategie der Schule von Mond und Wasser, von Schnee und Weide und der biegsamen Geisteshaltung von Buddha.

## BODHIDHARMAS ZWEI EINGÄNGE ZUM ZEN

*Wenn Ihr über etwas nachdenkt, müßt Ihr zum Ende des Denkens kommen. Solange Ihr noch etwas denken könnt, seid Ihr nicht am wahren Ende.*

Das Tor der Vernunft (reason) und das Tor der Anwendung (practice) sind Bodhidharmas[1] zwei Eingänge zum Zen und demgemäß die Grundlage des Zen. Ich bin nicht sicher, ob das Wort „Vernunft" in diesem Zusammenhang gut ist, doch ich muß es mangels eines besseren benutzen. Vernunftmäßiges Denken ist die gedankliche Aktivität, durch welche wir zu einem Schluß kommen. Dieses Resultat wenden wir dann auf unsere Handlungen im täglichen Leben an, d. h. mit dem Verstehen, das wir durch das Tor der Vernunft erreichen, führen wir unser tägliches Leben. Wenn wir kein Verstehen haben, leben wir blindlings und begehen furchtbare Fehler. Ein Beispiel dafür haben wir in der Sage von Ödipus, der seinen Vater tötete und — unwissend — seine Mutter heiratete.

Jede Religion hat diese zwei Eingänge. Im Christentum ist Gott das Tor der Vernunft und die Liebe das Tor der Anwendung.

In Bodhidharmas Theorie führt das Tor der Vernunft nirgends hin, an seinem Ende gibt es nichts. Er geht so weit, wie er geht, und tritt dann in Chaos[2] über. Das ist eine wunderbare Sicht des Buddhismus: die Spitze des Dreieckes hat kein Äußerstes, sie ist endlos.

In einer Erzählung ging ein Mann über Berg und Tal, um das Ende der Welt zu finden. Auf seinem Weg kam er an zahlreichen Tempeln vorbei. Schließlich erreichte er einen Ort, wo ihm gesagt wurde, das sei das Ende der Welt. Doch er glaubte es nicht und ging weiter. Schließlich kam er an den wirklichen Rand der

---

[1] Bodhidharma gilt als der Gründer der Zen-Schule. Er brachte diese Meditationsschule von Indien nach China (Anm. d. Übers.).
[2] Chaos bedeutet hier das Irrationale im Sinne von C. G. Jung; in der Terminologie des Zen entspricht es dem *dharmakaya*, s. S. 118 (Anm. d. Übers.).

Erde, einen steilen Felsabhang. Da sah er das Chaos der Unendlichkeit und konnte keinen Schritt mehr tun.

Das ist eine Allegorie über das Ende der Vernunft. Wenn wir über die höchste Wahrheit nachdenken, denken und denken und denken wir, bis wir zum Letzten kommen, dann können wir nicht mehr denken. Unser denkender Verstand kann nicht weiter gehen, er steht an einem Felsabhang. Das ist das Ende. Wenn Ihr über etwas nachdenkt, müßt Ihr zu diesem Ende des Denkens kommen. Solange Ihr noch etwas denken könnt, seid Ihr nicht am wahren Ende. Man kann die Wahrheit weder fühlen noch darüber nachdenken. Wenn man zum wahren Ende kommt, hört man auf zu denken und *sieht* die Wahrheit. Aber es ist kein Anschauen der Wahrheit, es ist nicht wie das Betrachten eines Bildes. Man *sieht*.

Es ist genau wie beim Bohren. Solange man bohren kann, ist das Ende noch nicht erreicht. Erst wenn kein Widerstand mehr da ist, wenn man nicht mehr weiterbohren kann, macht es z-z-z-z, und das Ende ist erreicht. Wir sagen, der Gedanke hat die Vernunft durchstoßen.

Wenn man zum wahren Ende gelangt ist, gibt es kein Wort mehr. Kommt Ihr zu Gott oder Buddha oder irgend etwas anderem mit einem Namen, ist das noch nicht das Ende. Erst wenn Ihr das letzte Wort zerstört habt und beim Chaos angelangt seid, seht Ihr diese endlose Kluft der Unendlichkeit. Vielleicht möchtet Ihr umkehren, weil Ihr Euch fürchtet. Der Zen-Student jedoch fürchtet sich nicht, er macht einen Sprung und stürzt sich in das Unendliche hinein. Ihr *müßt* hineinspringen. Springt einfach! — nicht mit Eurem Körper natürlich — dieser bleibt sitzen, wo er ist, und deshalb braucht Ihr Euch nicht zu fürchten. Springt in dieses Ende hinein! Solange Ihr ein Wort zur Verfügung habt oder ein Bild im Kopf, habt Ihr das Ende noch nicht erreicht. Wenn Ihr eine Lotusblume in der Hand haltet und auf einem Elefanten reitet, träumt Ihr. Wenn Ihr denkt, Gott sitze auf einer Wolke, Petrus und Maria zu seiner Seite und Christus davor auf einem Thron, seid Ihr noch nicht zur wirklichen Wahrheit gekommen — Ihr seht den wirklichen Gott nicht. Ihr denkt darüber nach, aber Ihr seht ihn nicht. Wenn Eure Fähigkeit des

Denkens zu einem Ende gekommen ist und Ihr Euch plötzlich in die Unendlichkeit, ins Chaos werft und Euer Geist, Körper und Seele verschwinden, dann ist das wirkliche Ende erreicht.

Zur Zeit des Buddha erfuhren die Menschen dies durch Meditation. Heute erfahren wir es durch Sanzen. Aber wenn man beide Methoden anwendet, ist man wie ein Tiger mit Flügeln. Was für ein Tiger wäre ein Tiger mit Flügeln? Der Ochse ist sehr langsam, das Pferd ist sehr schnell. Der Ochse hat Hörner, das Pferd nicht. Aber wenn das Pferd Hörner hätte, wäre es besser als der Ochse.

Shakyamunis Erleuchtung unter dem Bodhibaum ist ein Beispiel für das Betreten des Endes. Er hat Nirvana bewiesen. Im Nirvana lebt niemand namens Gott, Mensch, Teufel oder Dämon.

Das ist das eine Tor, die eine Seite. Von dort kehrt man zurück in dieses Leben, zum Eingang der Praxis im täglichen Leben. Die richtige Lebensführung ist die erste Pflicht. Es ist sehr interessant, dies im Leben der Orientalen zu beobachten. Die orientalische Einstellung unterscheidet sich stark von der westlichen.

In der Führung des täglichen Lebens gibt es vier Grundsätze oder Prinzipien, die für den Buddhisten maßgebend sind. Sie heißen: 1. Vergütung oder Ausgleich, 2. in Übereinstimmung mit dem Gang der Natur zu handeln, 3. nichts erwarten, 4. in Übereinstimmung mit dem ersten Gesetz (Dharma) zu handeln. Das erste Gesetz ist der Eintritt ins Chaos.

Ausgleich bedeutet, alte Schulden aus der Vergangenheit zurückzuzahlen. Dies geschieht jeden Tag. Nehmen wir z. B. an, daß über Jemanden schlecht gesprochen wird. Geschwätz und Gerüchte breiten sich aus. Wohin er auch geht, überall lacht man ihn aus, und niemand nimmt ihn ernst. Im Geschäft verachten ihn alle, und niemand will etwas mit ihm zu tun haben. Was würdet Ihr in dieser Situation tun? Würdet Ihr Euch an die Straßenecke stellen und laut ausrufen: „Ich bin unschuldig"? Oder würdet Ihr Eure Unschuld in der Zeitung bekanntgeben und vor der ganzen Welt darlegen? Der Buddhist betrachtet so etwas als eine Gelegenheit, Schulden, die aus der Vergangenheit herrühren oder auf einem Charakterzug oder auf seiner Denkart beruhen, abzuzahlen. Nehmen wir an, es handle sich um einen buddhistischen Religionslehrer, der in die Stadt kommt und seinen Tempel eröffnet. Doch niemand kommt. Er nimmt dies an als ein Zeichen, daß er irgend eine ihm unbekannte Schuld aus der Vergangenheit abzuzahlen hat. Er unternimmt keinen Versuch der Erklärung, statt dessen akzeptiert er es wortlos, Tag und Nacht, Monat für Monat, bis es zu Ende ist. Bis zu diesem Zeitpunkt setzt er sich einfach hin und wartet darauf, daß die Schuld bezahlt ist. Wenn man ich-bezogen ist, kann man das nicht tun, aber wenn man durch das Tor der Vernunft gegangen ist und dadurch das Ego vernichtet hat, kann man sagen: „Ich habe in der Vergangenheit einen Fehler begangen, jetzt reden die Leute über diesen Fehler und nicht über mich. Es ist das Karma des menschlichen Lebens, nicht des menschlichen Wesens. Wir alle sind wie Wellen im Ozean des Karmas, also befinden wir uns mitten in der Bewegung des Karmas. Wir müssen uns mitbewegen ohne zu klagen." Wenn der Priester aber denkt, niemand glaube an ihn und er könne nicht lehren, weil er in der Vergangenheit Sünden beging, wird das bei den Zuhörern ein unangenehmes Gefühl verursachen. Sie werden sagen: „Habt ihr ihn gehört? Er ist kein schlechter Redner, aber da ist etwas in seiner Haltung, das ich nicht ausstehen kann. Es macht mich wütend."

Wenn jemand schlecht über Euch spricht, nehmt es einfach demütig an, erwidert nichts, erklärt nichts, nicht einmal Eurem besten Freund! Nehmt es schweigend an! Und wenn sich etwas Gutes ereignet, habt Ihr es nicht nötig, es zu verkünden oder damit zu prahlen. Die Sonne und der Mond gehen auf und unter, wenn ihre Zeit kommt. In diesem Sinn ist jeder Augenblick des Tages ein Ausgleich für Karma der Vergangenheit.

Das zweite Prinzip lautet, alles im Einklang mit der Natur zu tun. Was tut Ihr, wenn der Wind weht und Ihr eine Zigarette anzünden möchtet? Werdet Ihr das Streichholz im Wind anzünden? Natürlich nicht. Ihr sucht oder verschafft Euch eine geschützte Stelle. Ihr entzündet das Streichholz und schirmt die Flamme sorgfältig ab. So einfach ist das! Tut alles im Einklang mit der Natur. Im buddhistischen Sinn könnte dies heißen, tut alles im Einklang mit dem Gang des Karmas.

Das dritte Prinzip heißt, alles zu tun, ohne ein Resultat zu erwarten. Wenn man etwas tut, erwartet man gewöhnlich Zustimmung. Vielleicht hat man viel Geld verdient und sagt stolz zu den Kindern: „Seht, was ich verdient habe." Und die Kinder werden sagen: „Gib uns dieses Geld!" Oder man erwartet für alles, was man tut, eine Gegenleistung: „Oh, Herr Pfarrer, ich gab diesmal acht Dollar, das sind drei Dollar mehr als üblich." Ihr sollt nicht für jede gute Tat eine Entschädigung erwarten! Möglicherweise werdet nicht Ihr, sondern jemand anders einen Gewinn haben. Umgekehrt ist es auch möglich, daß Euch von der guten Tat eines anderen die Ernte beschert wird. Tut Euer Bestes, ohne ein Entgelt oder eine Vergütung zu erwarten! Kommt etwas zu einem zurück, ist es wie ein Geschenk, kommt es nicht zurück, ist es, als hätte man jemandem Geld geliehen.

Das letzte Prinzip heißt, alles in Übereinstimmung mit der ersten Ursache zu tun. Setzt Euer Vertrauen nicht in Gott, um dann zu beten: „Lieber Gott, gibt mir eine Münze." Tut Euer Bestes. Wenn wir beten, knieen wir innerlich nieder und falten die Hände in Furcht, Freude und Ehrfurcht für das Unendliche. Und dann kommen wir zurück und leben mit den vier Grundsätzen ohne Ego. Man nimmt das Gesetz des Ausgleichs in Übereinstimmung mit dem Gang der Natur an. Das Leben der Vergütung oder des Ausgleichs *ist* das Leben im Einklang mit der Natur und das Leben ohne Erwartung einer Gegenleistung. Man ist wie ein Künstler, der ein prächtiges Bild in den Sand zeichnet, man ist tätig und glücklich darüber. Und wenn Ihr ein Kind aufzieht, erwartet nichts von ihm! Seht die Hundemutter mit ihren Welpen! Erwartet sie etwas von diesen Welpen? Nein, sie erwartet rein gar nichts.

Tut nichts, was nicht im Einklang mit dem ersten Gesetz ist. Das ist das vierte Prinzip. Die drei übrigen Prinzipien sind in diesem eingeschlossen und so gibt es schließlich nur ein Prinzip. Dieses bringt Glück und Frieden.

**BODHIDHARMAS ZEN** *Um Bodhidharmas Zen zu erfahren, ist es nicht nötig, diese Existenz zu zerstören.*

Im Gegenteil, man wendet sich allem zu. Ohne sich zu einem Einzelwesen zu machen und ohne sein Bewußtsein im Nichts aufzulösen, erkennt man plötzlich, daß diese Existenz, dieses „Ich" und „Das", unsere Urnatur ist. Man kann kein Wort darüber sagen, und kann die Existenz nicht in zwei Teile — Geist und Materie — teilen. Natürlich verschwindet in diesem Moment überhaupt alles, alle Farben und alle Geräusche. Doch die Natur von Geist und Materie wird dabei nicht verändert. Das ist das, was als plötzliche Erleuchtung, als Bodhidharmas Zen bekannt wurde.

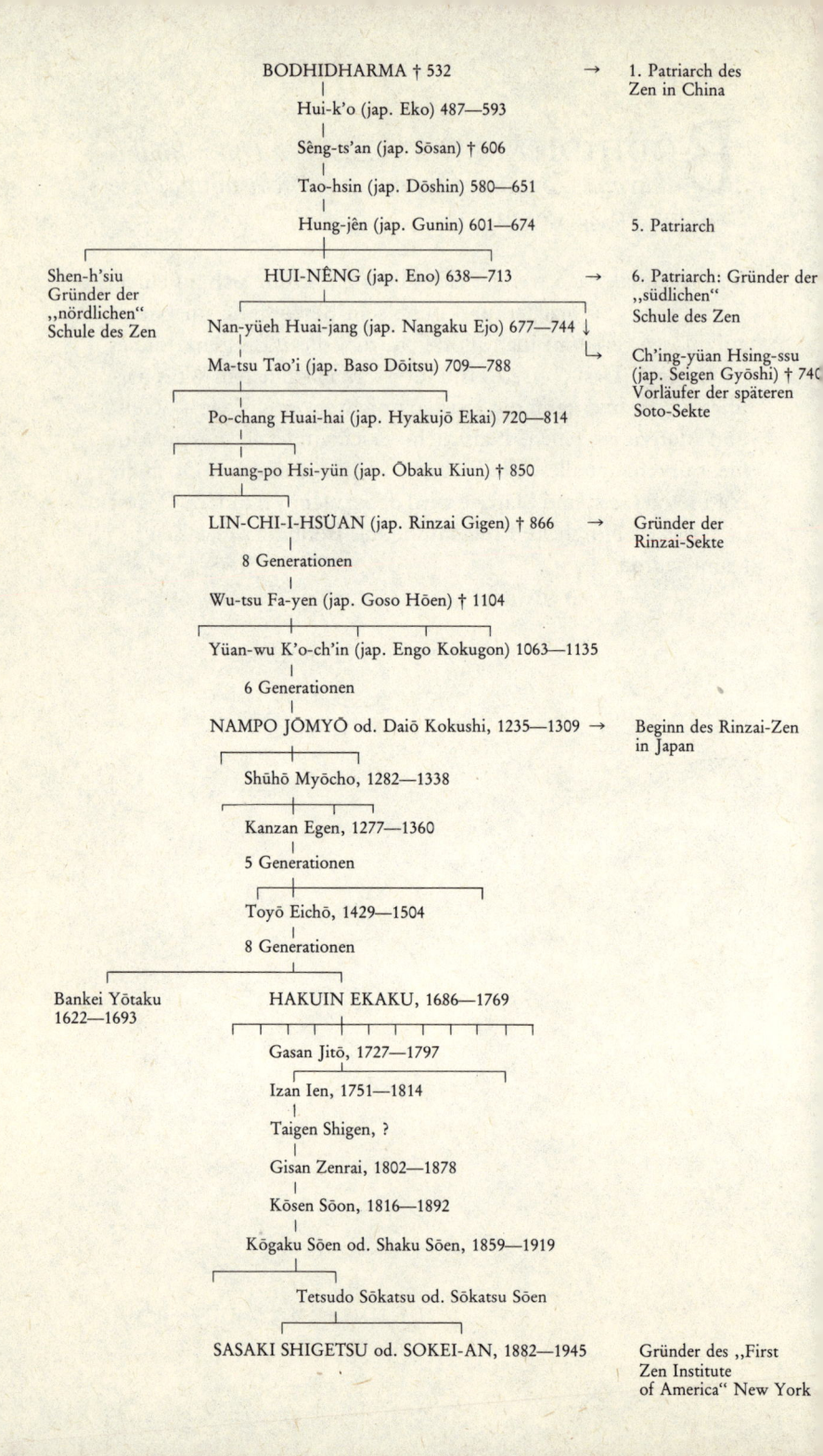

```
                    BODHIDHARMA † 532                    →    1. Patriarch des
                            |                                  Zen in China
                    Hui-k'o (jap. Eko) 487—593
                            |
                    Sêng-ts'an (jap. Sōsan) † 606
                            |
                    Tao-hsin (jap. Dōshin) 580—651
                            |
                    Hung-jên (jap. Gunin) 601—674          5. Patriarch
              _____|_____
Shen-h'siu   |                             |
Gründer der  HUI-NÊNG (jap. Eno) 638—713  →   6. Patriarch: Gründer der
„nördlichen"           |                      „südlichen"
Schule des Zen  Nan-yüeh Huai-jang (jap. Nangaku Ejo) 677—744 ↓   Schule des Zen
                       |                      ↳
                Ma-tsu Tao'i (jap. Baso Dōitsu) 709—788        Ch'ing-yüan Hsing-ssu
              _____|                                       (jap. Seigen Gyōshi) † 740
             |                                                 Vorläufer der späteren
         Po-chang Huai-hai (jap. Hyakujō Ekai) 720—814          Soto-Sekte
              ___|
             |
         Huang-po Hsi-yün (jap. Ōbaku Kiun) † 850
                       |
              LIN-CHI-I-HSÜAN (jap. Rinzai Gigen) † 866  →   Gründer der
                       |                                      Rinzai-Sekte
                 8 Generationen
                       |
              Wu-tsu Fa-yen (jap. Goso Hōen) † 1104
              _____|
             |
         Yüan-wu K'o-ch'in (jap. Engo Kokugon) 1063—1135
                       |
                 6 Generationen
                       |
              NAMPO JŌMYŌ od. Daiō Kokushi, 1235—1309  →   Beginn des Rinzai-Zen
              _____|_____                           in Japan
             |                   |
             Shūhō Myōcho, 1282—1338
                       |
              Kanzan Egen, 1277—1360
                       |
                 5 Generationen
              _____|_____
             |                   |
              Toyō Eichō, 1429—1504
                 8 Generationen
Bankei Yōtaku
1622—1693     HAKUIN EKAKU, 1686—1769
              ____|_____
             |         |       |       |
              Gasan Jitō, 1727—1797
                       |
              Izan Ien, 1751—1814
                       |
              Taigen Shigen, ?
                       |
              Gisan Zenrai, 1802—1878
                       |
              Kōsen Sōon, 1816—1892
                       |
              Kōgaku Sōen od. Shaku Sōen, 1859—1919
              _____|
             |
             Tetsudo Sōkatsu od. Sōkatsu Sōen
              _____|_____
             |                   |
           SASAKI SHIGETSU od. SOKEI-AN, 1882—1945       Gründer des „First
                                                         Zen Institute
                                                         of America" New York
```